Daniela Döhring / Frank Ackerman / Fritz Weber

Die größten Crashs der Weltgeschichte

Ein Blick auf die Krisen der Finanzwirtschaft von den Medici bis zu Wirecard

Erstauflage 2021
ISBN: 9783753407005
Herstellung und Verlag: BoD - Books on
Demand, Norderstedt

Inhaltsverzeichnis

Die größten Crashs der Weltgeschichte

Es sind die ganz großen Firmennamen, die mit den schwersten Zusammenbrüchen der Finanzwirtschaft aufs engste verbunden sind. Namen wie Enron, Theranos, die Philipp Holzman-AG, die Südmilch-AG, Polly Peck oder Texaco haben viel ihres einst durchaus guten Rufes verloren. Diese Unternehmen können heute Lernbeispiele sein, in welcher Gemengelage finanzielle Krisen entstehen, mit welchen Strategien Firmeninhaber oder Manager auf Untergangsszenarien reagieren und schließlich, sicherlich nicht zuletzt, wie institutionelle Kapitalanleger und Privatanleger sich in Krisen verhalten. Überhaupt spielen die finanziellen Transaktionen, die Kapitalbeschaffungsmaßnahmen und Strategien wie Kapitalerhöhungen, Rückkäufe oder Squeeze-outs einen Schwerpunkt vorliegender Analyse, denn finanzielle Operationen im Rahmen von Krisen, Insolvenzen und Firmenauflösungen sind komplex, aber besonders lehrreich, wenn man verstehen möchte, was erfolgreiche von weniger erfolgreichen Unternehmen unterscheidet.

Große Unternehmen können in große Krisen hineingeraten, was bei ungünstigen Umständen zum Untergang des Unternehmens führt.

Um ausschließlich solche spektakulären Unternehmens-Untergänge wird es hier gehen, die Auswirkungen auf ganze Branchen und Marktsegmente nach sich zogen. Es sind die größten und schwerwiegendsten Insolvenzen, Skandale und Bankrotte der modernen Finanzgeschichte von den Zeiten der Medici-Bank im 15. Jahrhundert bis zum Fall der Wirecard im 21. Jahrhundert. Bereits hier fällt auf: Banken scheinen eine Unternehmensform zu sein, die ganz besonders von Krisen betroffen zu sein scheint. So wurde die Lehman-Brother-Pleite 2008/09 sprichwörtlich für eine weltweite Wirtschaftskrise, und auch die Deutsche Bank ist vielen pars pro toto ein Synonym für Wirtschaftskriminalität und Missmanagement geworden. Bereits bei einem schnellen Überblick der Zusammenbrüche mag man fragen: könnte es sein, dass Deutschland vornehmlich davon betroffen ist? Gehen hier Unternehmen besonders schnell in Insolvenz, ist Deutschland ein Land der kranken Firmen? Schaut man auf die Untergänge von der Danatbank 1931 über die Chemische Fabrik Stoltzenberg (1979) bis zu Philipp Holzmann (2002) und Wirecard (2020) mag man durchaus geneigt sein, diesen Eindruck bestätigt zu sehen. Es ist aber viel eher das Gegenteil der Fall: die deutsche Wirtschaft zählt schon seit über einhundert Jahren zu den stärksten der Welt, und hinzu kommt eine Besonderheit, die sie von anderen Wirtschaftszentren, etwa der USA, unterscheidet: Deutschland hat in den letzten Jahren vielfache System- und Währungswechsel durchgemacht, vom Kaiserreich über die Weimarer Republik, anschließend vier unterschiedliche Besatzungszonen, aus denen mit der DDR und der BRD zwei Wirtschaftsformen hervorgegangen sind, wie sie unterschiedlicher nicht sein könnten. Zuletzt hat auch das wiedervereinigte Deutschland seit 1989 Unternehmenszusammenbrüche erzeugt, die mit den politischen Verwerfungen und Dynamiken eng zusammenhängen, so etwa im Falle der Bremer Vulkan oder der Südmilch AG.

In der Tat bleibt aber der Eindruck, dass es in Japan, Spanien oder Ländern wie Mexiko und Brasilien weniger spektakuläre Zusammenbrüche gäbe. Dies mag damit zusammenhängen, dass in Deutschland oder den USA die finanzbehördliche und steuerliche Kontrolle strenger als in anderen Ländern ist – wer einmal mit dem Internal Revenue Service zu tun hatte, mag dies bestätigen. So sind Zusammenbrüche aus Belgien (Lernout & Hauspie), aus der Schweiz (Swissair) oder aus Italien (Parmalat) eher eine Ausnahme, wenn sie auch an Dramatik und betrügerischer Energie nicht zurückstehen. Hauptsächlich und in erster Linie geht es um Unternehmen aus den USA und Deutschland, und dabei auch nicht um Familienunternehmen oder Staatsbetriebe, sondern um Aktienunternehmen. Dies hat mehrere Gründe. Aktienunternehmen unterliegen einer gewissen Pflicht zur Öffentlichkeit und Kontrolle. Mit Quartalberichten, Jahresabschlüssen und Dokumenten der Hauptversammlung bekommt man tiefere Einblicke in Strukturen und Zusammenhänge, was bei vielen Familienbetrieben schwieriger ist. Aktienunternehmen sind auch in der Lage, schnell und relativ unkompliziert an sehr viel Kapital zu gelangen und damit zu wirklichen Schwergewichten zu werden. So ist es sicher kein Zufall, dass viele der Zusammenbrüche sich schon nach wenigen Jahren nach der Umwandlung in eine Aktiengesellschaft ereigneten: dies ist der Fall bei Mt.Gox, Parmalat, Thranos und schließlich auch bei Wirecard. Hier sprechen wir nicht von traditionellen Unternehmen mit einem „Ruf" und jahrzehntelanger Erfahrung, sondern es sind ganz im Gegenteil schnell aufgestiegene Unternehmer, die vom Markt, der Presse und von Investoren umjubelt und nach oben gelobt werden. So gut wie immer spielt in diesen Unternehmen der Gründer und in einem Fall eine Gründerin (Thranos) eine zentrale herausragende Rolle. Soll dies heißen, dass gerade Gründer eine Neigung zu kriminellem Verhalten und zu Misswirtschaft haben? Dass die Gründung eines Unternehmens etwas ganz anderes ist als die Führung einer Aktiengesellschaft? Um diese und andere Fragen soll es in den Einzelbeispielen gehen, die zusammengenommen so etwas wie eine Skandalgeschichte der Weltwirtschaft ergeben. Bei der Untersuchung der Niedergänge, der Bankrotte, der Insolvenzen und Tragödien ergeben sich zahlreiche Themenfelder, die in folgender Richtung untersucht werden sollen:

-Krisen kommen nicht aus dem Nichts; wie ist das Verhältnis von allgemeinen Schwierigkeiten für eine Firma in Krisen und kann davon ein selbstverschuldeter Anteil durch Missmanagement und Betrug abgegrenzt werden? Ist Missmanagement und Betrug eher möglich in wirtschaftlich ruhigen Zeiten oder sind sie geradezu ein Symptom größerer Krisen?

-Gerät ein Unternehmen in unruhiges Fahrwasser, kommt es so gut wie immer in den letzten Monaten vor dem Crash zu bestimmten Maßnahmen und Veränderungen, wie Umstrukturierungen, Kapitalerhöhungen, Entlassungen, Untersuchungen etc. Wann sind solche Maßnahmen und Veränderungen von Erfolg gekrönt, wann sind sie Beschleuniger des Untergangs? Wie unterschiedlich reagieren Gründer, Manager, Kapitalgeber und die Beschäftigten auf Krisensymptome?

-Die moderne Form des Insolvenzrechts, vor allem in den USA, versucht ein marodes überschuldetes Unternehmen zu restrukturieren. Was sind die Grundvoraussetzungen einer solchen Sanierung, wo konnte sie gelingen, und wo war die Insolvenz auch das Ende jeglicher Geschäftstätigkeit? Gilt die These „Too big to fail" immer, oder nur unter besonderen Ausnahmen und was wären diese Ausnahmen?

Wie bereits erwähnt, spielen vor allem Banken bei Firmenkrisen, Rezessionen und Insolvenzen eine zentrale Rolle, und zwar nicht als großzügige Kapitalgeber, sonder selbst als Objekt drohender Insolvenz. Das ist nicht allein bei Wirecard so gewesen, sondern dieses Phänomen geht weit in die Geschichte zurück. Um es zu verstehen und Erkenntnisse auf spätere Bankkrisen möglicherweise zu übertragen, müssen wir uns die erste Skandalbank der neueren Geschichte etwas näher ansehen, die Bank der Medici, die Banco Medici: Im Prinzip war es ein Familienunternehmen, das noch patriarchalisch geführt wurde. War derjenige Medici, der die Bank gerade leitete, ein fähiger Unternehmer, blühte die Bank auf, war er weniger talentiert, war der Niedergang oder sogar Untergang der Bank besiegelt. Begonnen haben die unternehmerischen Aktivitäten im 13. Jahrhundert, zunächst jedoch noch im Bereich des Großgrundbesitzes. 1345 ergab sich eine einmalige Chance: zu diesem Zeitpunkt waren mehrere oberitalienische Banken zahlungsunfähig. Vieri di Cambio de' Medici (1323-1395), ein überaus geschickter Handelsmann, trat nun in das Kreditgeschäft ein. In wenigen Jahrzehnten baute er zwischen 1348 und 1392 ein weit verzweigtes Bankhaus mit mehreren

Filialen in den wichtigsten Städten des damaligen Europas auf. Wichtig war vor allem die Filiale in Rom mit dem Zugang zum Vatikan und dem Papst. Andere bedeutende Filialen waren damals Venedig, Genua und Neapel. Diese Filiale wurde von einem anderen Familienmitglied nach vorne gebracht, von Giovanni di Bicci de' Medici (1360-1429). 1397 verlegte er seine Aktivitäten von Rom nach Florenz und gründete mit einem Startkapital von zehntausend Goldstücken (Florentinern) die Banco Medici. Es war eine der ersten Depositenbanken, war im Wechsel- und Kreditgeschäft aktiv und tätigte eigene Investitionen. Es war also nicht allein eine Bank, sondern ein Wirtschaftsunternehmen, welches sich selbst finanzierte!

1413 gelang es Giovanni di Bicci de' Medici, den damaligen Papst als Kunden seiner Bank zu gewinnen. Der Vatikan hatte damals noch keine eigene Bank, und so wurde die Medici-Bank zur Hausbank der päpstlichen Finanzen. Ein Großteil der Gewinne der Bank stammte hinfort aus der Kurie, woran vor allem Cosimo il Vecchio (auch Cosimo de' Medici genannt, 1389-1464) einen Anteil hatte. Unter ihm stiegen die Gewinne zwischen 1420 und 1435 auf 186.382 Florin.[1]

Zu dieser Zeit war das Bankhaus der Familie Medici ein führendes Weltunternehmen.[2] Es bildete die Basis für die Macht und den Einfluss der Florentiner Medici-Familie und galt in der ersten Hälfte des 15. Jahrhunderts als eine der größten Banken Europas, es übertraf konkurrierende Unternehmen und Bankhäuser wie die Bardi, Peruzzi, Albertini, Spini oder Acciaiuoli bei weitem.

Doch erste Schatten zogen auf: 1433 brach zwischen den Bankhäusern Medici und Albizzi ein Machtkampf um die Vorherrschaft in Florenz aus. Cosimo de' Medici wurde dabei inhaftiert und dann für zehn Jahre ins Exil nach Venedig verbannt, wo sich jetzt auch kurzzeitig der Firmensitz der Medici befand.[3] Als alter Mann und ohne neue Ideen kehrte er 1434 nach Florenz zurück; die Stadt und das Um-

---

1   Tim Parks: Das Geld der Medici, München 2009.
2   James Cleugh: Die Medici. Macht und Glanz einer europäischen Familie, München 2002 (4).
3   Raymond de Roover: The rise and decline of the Medici bank 1397-1494, Oxford 1963.

land befanden sich in einer wirtschaftlichen und politischen Krise.[4]

Er nannte sich „Lorenzo der Großartige" (1449-1492) und schaffte es, dass das Medici-Familienunternehmen bankrott ging.

Die Bank machte Verluste, vor allem nach dem Tod von Cosimo de' Medici. Die Filiale in Lyon wäre beinahe in Konkurs gegangen, konnte aber noch durch eine spektakuläre Rettungsaktion von Francesco Sassetti gerettet werden. Gleiches in London, wo der Bankier Angelo Tani weniger erfolgreich das Schlimmste zu verhindern suchte. Die Filiale

4   Volker Reinhard: Die Medici. Florenz im Zeitalter der Renaissance, München 1998.

in Brügge musste unter Tommaso Portinari schließlich 1478 unter immensen Verlusten liquidiert werden. Ursache der Krisen war das Herzogtum Burgund, welches bei dem Bankhaus hoch verschuldet war. Nach seiner Auflösung und Zerschlagung wurden die Tilgungen nicht mehr bedient. Weitere Brandbeschleuniger waren der Rosenkrieg in England und der Osmanisch-Venezianische Krieg. In den 1490er Jahren stand die Bank vor dem Ruin. 1494 hörte auch die letzte Mailänder Filiale auf zu arbeiten, die Medici-Familie wurde erneut aus Florenz vertrieben, diesmal für immer. Nicht vertrieben wurden die Banken: in den nächsten Jahrhunderten waren es immer wieder Banken, die betrogen, zahlungsunfähig wurden oder wegen Unfähigkeit ganz vom Markt genommen wurden – einige der übelsten Beispiele von Banken, die selbst an der Börse notiert waren, es aber besser nicht gewesen wären, folgen noch. Man kann überspitzt sagen: von der ersten Medici-Bank im 14. Jahrhundert bis zur Lehman-Brother-Pleite 2008: Banken können einfach nicht mit Geld umgehen.

Abschließen soll noch auf folgenden drohenden Irrtum hingewiesen werden: betrachtet man die hier analysierten Unternehmens-Zusammenbrüche, könnte man den Eindruck gewinnen, dass der Kapitalismus eben nur aus Gier, Betrug, Missmanagement und Krise besteht. Dies ist mitnichten so und falls ein solcher Eindruck entstanden sein sollte, wollen wir ihm mit Nachdruck entgegenwirken. Die hier zusammengeführten Unternehmen sind nur ein ganz geringer Anteil aller Aktienunternehmen und ein noch viel geringerer Anteil aller am Markt tätigen Unternehmen. Es gilt im Umkehrschluss: die allermeisten Unternehmen agieren besonnen, verstehen es mit Krisen umzugehen und können, falls doch einmal Schwierigkeiten auftauchen, gut mit ihnen umgehen. Selbst die hier versammelten Unternehmen haben vor ihrem Untergang Jahre, oft Jahrzehnte, Gewinne erwirtschaftet, Arbeitsplätze gesichert, Wohlstand erwirtschaftet. Es wäre ein leichtes gewesen, ein Buch zu schreiben wie „Die erfolgreichsten Unternehmen der Weltgeschichte" oder „Die hundert erfolgreichsten Aktienunternehmen" – doch wer wollte davon hören, wer wollte es lesen?

Wirtschaftsblasen a: Mist am Mississippi bei der Mississippi-Gesellschaft

Die Mississippi-Gesellschaft (Französisch: Compagnie du Mississippi) war ein Wirtschaftsunternehmen mit staatlich garantierter Monopolstellung in den französischen Kolonien in Nordamerika und Westindien. Als die Landentwicklung und die Bodenspekulation in diesen Regionen anwuchs und sich von der wirtschaftlichen Realität abkoppelte, wurde die Mississippi-Blase zu einem der frühesten Beispiele für eine globale Wirtschaftsblase.[5] Das war zu Beginn des 18. Jahrhunderts, als sich der Kapitalmarkt, vor allem Aktienmarkt,

---

5   Paul Sheeran, Amber Spain: The international political economy of investment bubbles, Aldershot 2004, S. 95.

19

neu formierte. Die Mississippi-Gesellschaft war keineswegs das einzige Unternehmen, das Geld von Investoren sammeln wollte. Eine große Anzahl anderer Aktiengesellschaften war gerade gegründet worden, um extravagante (manchmal betrügerische) Behauptungen über ausländische oder andere Unternehmen oder bizarre Pläne und Projekte aufzustellen. Andere Aktiengesellschaften stellten potenziell solide, wenn auch neuartige Systeme dar, beispielsweise zur Gründung von Versicherungsunternehmen. Diese wurden in der Presse „Bubbles" genannt. Einige der Unternehmen hatten keine Rechtsgrundlage, während wieder andere, wie die Hollow Sword Blade Company, die als Bankier der Südseeexpeditionen fungierte, bestehende Charterunternehmen für völlig andere Zwecke als noch bei ihrer Gründung festgelegt verwendeten. Die York Buildings Company wurde etwa gegründet, um London mit Wasser zu versorgen, wurde jedoch von Case Billingsley gekauft, der damit beschlagnahmte Ländereien in Schottland kaufte, die dann das Vermögen einer Versicherungsgesellschaft bildeten.

Im Mai 1716 gründete der schottische Öko-
nom John Law, der unter dem Herzog von Orleans zum Finanzkontrolleur Frankreichs auf-
gestiegen war, die „Banque Générale Privée"
(„Allgemeine Privatbank"). Law war durchaus
innovativ; er gründete das erste Finanzinstitut,
das die Verwendung von Papiergeld einführte.
Es war nur bedingt eine private Bank, denn
drei Viertel des Kapitals bestanden aus Regie-
rungsrechnungen und staatlich anerkannten
Noten. Im August 1717 kaufte Law die Missis-
sippi-Company, um der französischen Kolonie
Louisiana zu helfen. Im selben Jahr konzipier-
te Law eine Aktienhandelsgesellschaft, genannt „Compagnie d'Occident" (Mississippi-
Gesellschaft). Law wurde zum Direktor dieses
neuen Unternehmens ernannt, dem von der
französischen Regierung ein großzügiges Han-
delsmonopol für Westindien und Teile
Nordamerikas gewährt wurde.
Die Bank wurde im Jahr 1718 zur „Königli-
chen Bank", was mit sich brachte, dass die
Banknoten von König Ludwig XV. von Frankreich garantiert wurden. Das Unternehmen
übernahm weitere Firmen, wie die „Compagnie des Indes Orientales" („Unternehmen Os-

tindiens"), die „Compagnie de Chine" („Unternehmen Chinas") und andere konkurrierende Handelsunternehmen. Bald hatte die Bank das Monopol auf jeglichen französischen Handel auf allen Meeren. Die Mississippi-Gesellschaft arrangierte Schiffe für europäische Siedler, die 1718 in Louisiana landeten und die europäische Bevölkerung verdoppelten. Auch Inhaftierte aus europäischen Gefängnissen wurden nach Nordamerika gebracht, wenn sie sich verpflichteten, zu arbeiten und zu heiraten.

Im Mai 1720 verbot die französische Regierung nach Beschwerden der Mississippi-Gesellschaft und den Konzessionären solche Abschiebungen. Es war die erste staatliche Regulierung der Gesellschaft mit negativen Folgen für die Rendite. Gleichzeitig begann die Bank, mehr Banknoten auszugeben, als sie in Münzen darstellen konnte: das Papiergeld wurde eingeführt: Der imaginierte Reichtum von Louisiana und der bisherige Erfolg führten 1719 zu wilden Spekulationen mit den Aktien des Unternehmens. Die Popularität der Unternehmensaktien war so groß, dass immer mehr Papierbanknoten benötigt wurden, und als Aktien Gewinne erzielten, wurden die Anleger erstmalig in der Geschichte in Banknoten aus Papier ausgezahlt.[6]

1720 wurden die Bank und das Unternehmen zusammengelegt und Law von Philippe II., Herzog von Orleans, damals Regent für Louis XV. zum Obersten Finanzdirektor ernannt. Die Bank florierte, bis die französische Regierung zugeben musste, dass die Anzahl der ausgegebenen Papierscheine den Wert der von ihr gehaltenen Metallmünzen weit überstieg. Noch war der Glaube an den neuen Wertspeicher gering: Es kam zu einer Währungsabwertung. Die Kreditgeber zogen ihr Geld von der Bank ab, was den Wert der neuen Papierwährung halbierte. Die Blase platzte Ende 1720 endgültig, als Gegner der neuen Finanzierungsmethode versuchten, ihre Banknoten massenhaft einzutauschen, was die Bank zwang, die Zahlung ihrer Papierscheine einzustellen.

Darüber hinaus trat zu diesem Zeitpunkt international ein Liquiditätsengpass auf, da Blasen auch in Amsterdam und Paris platzten. Der Zusammenbruch hing eng mit dem gleichzeitigen

---

6 Andrew Beattie: What burst the Mississippi bubble?, in: Investopedia.com (17.6.2009).

Zusammenbruch der Südsee-Kompanie (s.u.) zusammen.

Law wurde von seinem Posten enthoben. Er floh dann von Frankreich nach Brüssel und zog schließlich nach Venedig, wo er vom Glücks- und Falschspiel lebte. Er wurde 1729 in der Kirche San Moisè in Venedig beigesetzt.

Wirtschaftsblasen b: die Südsee-Kompanie

Heute liest man oft von Wirtschaftsblasen oder man erhofft bzw. befürchtet, dass eine Börsenblase platzt. Woher kommt diese Ausdrucksweise? Dazu müssen wir in das beginnende 18. Jahrhundert zurückblicken: Im Januar 1711 wurde die Südsee-Kompanie[7] gegründet. Es war eine britische Aktiengesellschaft, als öffentlich-private Partnerschaft gegründet mit dem ehrenwerten Ziel, die Kosten der Staatsverschuldung zu konsolidieren und zu senken. 1710 war ein neues Parlament zusammengetreten und hatte beschlossen, sich um die nationalen Finanzen zu kümmern, die unter

---

7   Zu dieser Zeit, als der amerikanische Kontinent erkundet und kolonisiert wurde, verwendeten die Europäer den Begriff „Südsee" nur für Südamerika und die umliegenden Gewässer.

dem Druck des spanischen Erbfolgekriegs mit Frankreich und des Großen Nordischen Krieges litten. Großbritannien war mit neun Millionen Pfund verschuldet, damals eine unvorstellbar große Summe. Die Lösung, die der Staatsmann Robert Harley (1661-1724) mit dem Bankier Sir William Paterson (1658-1719) entworfen hatte, sollte so aussehen: Alle Inhaber der Schuld sollten die Forderungen an die gegründete neue Gesellschaft, die Südsee-Kompanie, abtreten, die ihnen im Gegenzug Aktien zum gleichen Nennwert ausgeben sollte. Die Regierung würde eine jährliche Zahlung an die Gesellschaft in Höhe von 568.279 Pfund leisten, was sechs Prozent Zinsen zuzüglich Kosten entsprach, die dann als Dividende an die Aktionäre ausgeschüttet würden.

Eine besondere Einrichtung der Südsee-Kompanie war die Dividendenhalle, in welcher die Gewinne an die Unternehmensbeteiligten vor ihren Augen publikumswirksam ausgezahlt wurden.

Um neue Einkommen zu generieren, erhielt das Unternehmen nach dem Utrechter Vertrag 1713 das Monopol, afrikanische Sklaven auf die Inseln der Südsee (also dem Südpazifik) und nach Südamerika zu bringen. Es war der Plan, die spanischen Kolonien mit 4.800 Sklaven pro Jahr zu beliefern. Großbritannien durfte dazu Büros in Buenos Aires, Caracas, Cartagena, Havanna, Panama, Portobello und Vera Cruz eröffnen. In Jamaika und Barbados richtete das Unternehmen Sklavenlager ein. Es wurde geschätzt, dass das Unternehmen etwas mehr als 34.000 Sklaven transportierte, wobei man aber weniger erfolgreich als konkurrierende Unternehmen operierte und die Engländer immer wieder mit den Spaniern in Konflikte gerieten.[8] Als das Unternehmen gegründet wurde, kontrollierten Spanien und Portugal den größten Teil Südamerikas. Es gab daher keine realistische Aussicht auf einen ertragreichen Handel, und wie sich bald herausstellte, erzielte das Unternehmen nie einen signifikanten Gewinn aus seinem Monopol. Die Urheber wussten, dass es keine realistische Erwartung auf einen Erfolg gab, aber dennoch wurde das Potenzial für großen Wohlstand bei jeder Gelegenheit weithin propagiert. Das eigentliche Ziel der Gründer war es, ein Unter-

---

8   Helen Paul: The South Sea Company's slaving
     activities, Southampton 2009. Hauptstreitpunkt war
     der Anspruch des Königs auf 25 Prozent der Ge-
     winne des Sklavenhandels der Kompanie.

27

nehmen zu schaffen, mit dem sie reich werden konnten und das den Raum für weitere Regierungsgeschäfte bot.

Die Missstände nahmen zu: Die Gründer des Systems befassten sich mit Insidergeschäften, indem sie ihre Vorkenntnisse über den Zeitpunkt der Konsolidierung nationaler Schulden nutzten, um große Gewinne aus dem Kauf von Schulden im Voraus zu erzielen. Politiker erhielten riesige Bestechungsgelder, um die für das Programm erforderlichen Gesetze im Parlament zu unterstützen.[9] Unternehmensgelder wurden verwendet, um mit eigenen Aktien zu handeln, und ausgewählte Personen, die Aktien kauften, erhielten Gelddarlehen, die durch dieselben Aktien gedeckt waren, um mehr Aktien zu kaufen. Die Erwartungen von Gewinnen aus dem Handel mit Südamerika wurde geschürt, um die Öffentlichkeit zum Kauf von Aktien zu ermutigen. Dabei wurde ein neues System entwickelt, um den größten Teil der nicht konsolidierten Staatsverschuldung Großbritanniens im Austausch gegen immer weitere

---

9   Dorothy Marshall: Eighteenth Century England, London 1962, S. 121-30.

Unternehmensanteile zu übernehmen. Aktien, die durch Staatsschulden gedeckt waren, galten damals als sichere Anlage und bequeme Möglichkeit, Geld zu halten und zu bewegen, weitaus einfacher und sicherer als Metallmünzen. Wichtig ist auch, dass der Anleger die Kontrolle darüber erlangte, wann die Schulden zurückgezahlt werden mussten, was nicht vor sieben Jahren, sondern nach eigenem Ermessen erfolgte. Dies verhinderte das Risiko, dass Schulden zu einem späteren Zeitpunkt rückzahlbar werden könnten, wenn die Regierung mehr Kredite aufnehmen musste, und gezwungen werden könnte, höhere Zinssätze zu zahlen. 1714 hatte das Unternehmen 2.000 bis 3.000 Aktionäre, mehr als jedes seiner Konkurrenten. Ein Teil der Aktien war aber nie bezahlt worden. Dabei handelte es sich um Anteile, die das Unternehmen großzügig an befreundete Politiker, Aristokraten und Großunternehmer vergab. Anstatt jedoch für diese Aktien zu zahlen, hielten die Empfänger einfach an den angebotenen Aktien fest und hatten die Möglichkeit, sie nach Belieben an das Unternehmen zurückzuverkaufen und als Gewinn den Anstieg des Marktpreises zu erhalten. Um

ihre eigenen Gewinne zu sichern, mussten die
beteiligten Politiker dazu beitragen, den Akti-
enpreis künstlich mit allen Mitteln zu erhöhen.
Durch die Bekanntgabe der Namen dieser Eli-
te-Aktionäre, darunter Barlon Lord Gower,
Lord Lansdowne und Clara Elisabeth Gräfin
von Platen, gelang es dem Unternehmen, sich
in eine Aura der Legitimität zu kleiden, was
andere Käufer anzog und hielt. Diese hingegen
bekamen ihre Aktienpakete keineswegs gratis,
und später waren sie die eigentlichen Verlierer
des Zusammenbruchs. Es waren darunter vor
allem kleine Geschäftsleute, auch Bauern und
Soldaten, die ihr kleinstes Vermögen in einer
Art Massenwahn in Aktien anlegten.[10] Promi-
nentester Spekulant war damals vielleicht
Isaac Newton.[11] Der Wert der Aktien des Unternehmens stieg aber zunächst noch erheblich,
als es seine Aktivitäten auf dem Kreditmarkt
ausweitete und 1720 seinen Höhepunkt
erreichte: von 128 Pfund im Januar 1720 auf

---

10 Charles Mackay: Extraordinary popular delusions
    and the madness of crowds, Petersfield 2003, S. 53,
    65, 71.
11 Richard S. Westfall: Never at rest: A biography of
    Isaac Newton, Cambridge 1983, S. 861-862.

175 Pfund im Februar, 330 Pfund im März und nach Annahme des Programms auf 550 Pfund Ende Mai.

Hinzu kamen zwei Todesfälle: Im November 1718 starben Direktor Bateman und der stellvertretende Direktor Shepheard – das Unternehmen hatte schlagartig seine zwei erfahrensten Geschäftsführer verloren. Die Dividende für Weihnachten 1719 musste um ein Jahr aufgeschoben werden. So schleppten sich die Geschäfte bis 1720, bevor das gesamte Unternehmen zusammenbrach; die Aktien fielen vom Höchststand im Juni 1720 von 890 Pfund ins Bodenlose. Bei Jahresende 1720 waren sie auf 100 Pfund pro Aktie zurückgefallen. Dies löste Insolvenzen bei denjenigen aus, die auf Kredit gekauft hatten, und erhöhte den Verkauf, sogar den Leerverkauf (also den Verkauf geliehener Aktien in der Hoffnung, sie bei fallendem Preis mit Gewinn zurückzukaufen).

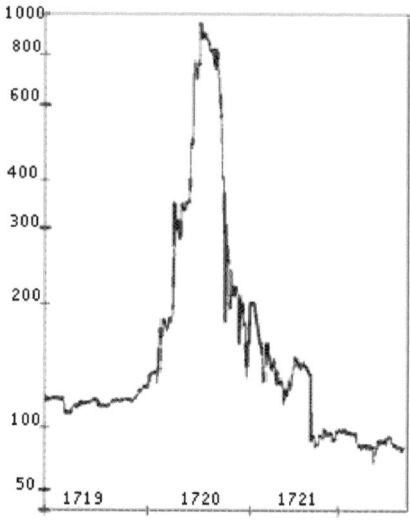

Diagramm der Aktienkurse der Südsee-Kompanie.

Die so entstandene, berüchtigte Wirtschaftsblase, die Tausende von Investoren ruinierte,
wurde als „Südseeblase" bekannt. Infolgedes-
sen ging die ganze Volkswirtschaft in Westeu-
ropa und Mittel- wie Südamerika erheblich zurück.

Was waren die Folgen? Nach dem Platzen der
Blase fand immerhin eine parlamentarische

32

Untersuchung statt, um die Ursachen zu ermitteln. Ergebnis: Bei der Berichterstattung im Jahr 1721 wurde ein weit verbreiteter Betrug unter den Unternehmensleitern und Korruption im Kabinett aufgedeckt. Als Hauptschuldiger wurde John Aislabie (1670-1742) ausgemacht, der Schatzmeister der Südsee-Kompanie. Aislabie wurde aus dem Haus ausgeschlossen, aus dem Geheimrat entfernt und im Tower of London eingesperrt. Eine Reihe von Politikern war in Ungnade gefallen, und einigen Unternehmer, die von dem Handel profitiert hatten, mussten persönliches Vermögen im Verhältnis zu ihrem Gewinn abgeben. 33 Direktoren des Unternehmens wurden entfernt und ihnen durchschnittlich 82 Prozent ihres Vermögens entzogen. Das Geld ging an die Opfer, und die Aktien der Südsee-Kompanie wurden zwischen der Bank of England und der East India Company aufgeteilt.

Die Südsee-Kompanie wurde unter Robert Walpole erfolgreich umstrukturiert und war nach der Blase noch mehr als ein Jahrhundert (bis 1858) in Betrieb, gelangte aber nie wieder zu ihrer einstigen Größe. Der Hauptsitz befand sich in der Threadneedle Street im Zentrum der City of London, dem Finanzviertel der Hauptstadt. Zum Zeitpunkt dieser Ereignisse war die Bank of England ebenfalls ein privates Unternehmen, und der Absturz des Rivalen 1720 befestigte seine Position als zukünftig ersten Bankier gegenüber der britischen Regierung.[12]

Der „Nachtsänger der Aktien" verkaufte während der Südseeblase Aktien (Amsterdam, 1720).

---

12 Walter Thornbury: Threadneedle Street, Old and New London, Bd. 1, London 1878, S. 531-544.

Bankenkrise anno dazumal: die Danat-Bank

Die Danat-Bank war in der Weimarer Republik die zweitgrößte deutsche Bank. Sie geriet in eine Schieflage, als 1931 eine Vielzahl ausländischer Kunden ihre Einlagen abzogen und aufgrund von Zahlungsausfällen 45 Millionen Reichsmark abgeschrieben werden mussten. Die Zahlungsunfähigkeit der Danat-Bank 1931 löste einen Banken-Run im ganzen Deutschen Reich aus.[13]

Auch wenn der Name der Bank heute gänzlich unbekannt ist, war die Danat-Bank ein prominentes Opfer der Deflationspolitik Deutschlands im Zuge der Weltwirtschaftskrise. Ihr Zusammenbruch erschütterte weiterhin das bereits schwer angeschlagene Vertrauen in das Bank- und Wirtschaftssystem. Schließlich ging damit auch ein Vertrauensverlust in die noch junge Demokratie einher: Die Regierung Brüning ordnete spontan drei Bankschließtage an, betrieb die Fusion der Danat-Bank mit der Dresdner Bank (die inzwischen mit der Com-

---

13 Karl Erich Born: Die deutsche Bankenkrise 1931, München 1967.

merzbank fusioniert ist) und sorgte im Zuge der Fusion für eine Kapitalerhöhung um 300 Prozent, um zukünftige derartige Konkurse aus zu geringem Eigenkapital zu verhindern oder zumindest einzudämmen.

Die Darmstädter und Nationalbank (Danat-Bank) entstand im Jahr 1922 durch eine Fusion der Darmstädter Bank für Handel und Industrie mit der Nationalbank für Deutschland. Die Kommanditgesellschaft auf Aktien hatte ihren Sitz und ihr Hauptverwaltungsgebäude zunächst in Berlin-Friedrichswerder, am Schinkelplatz 1-4, dann nach Fusion mit der Nationalbank für Deutschland in der Behrenstraße 68-70, wo zahlreiche Banken ihren Sitz hatten. In den folgenden Jahren wurden, trotz größter Schwierigkeiten, Filialen in ganz Deutschland aufgebaut, man wurde durch verschiedene Zusammenschlüsse eine der größten Banken der Weimarer Republik.

Noch nicht einmal nach zehn Jahren kam es zum Zusammenbruch der Bank. Zum einen zogen 1931

ausländische Anleger bei allen deutschen Banken einen Großteil ihrer Guthaben, Einlagen und Anlagen ab. Im Gegensatz zu anderen

Banken soll es aber die Danat-Bank am stärksten getroffen haben.[14] Zum anderen sah sich die Danat-Bank einem hohen Kreditrisiko gegenüber: Das Kreditvolumen ihres größten Kreditnehmers, der Norddeutschen Wollkämmerei & Kammgarnspinnerei (Nordwolle), betrug im Juli 1931 bei der Danat-Bank 48 Millionen Reichsmark. Mitten in der Krise wurden diesem Unternehmen jetzt Bilanzfälschungen vorgeworfen.[15] Die Verluste bei der Nordwolle wurden auf bis zu 240 Millionen Reichsmark geschätzt, so dass sie am 21. Juli 1931 Konkurs anmelden musste. Nun wurde es der Bank zum Verhängnis, dass sie zu diesem Zeitpunkt im großen Umfang ihre eigenen Aktien aufgekauft hatte.[16] Durch den Konkurs war die Bank gezwungen, ihren Kreditausfall abzuschreiben, so dass sie Verluste in Höhe von 45 Millionen Mark auszuweisen hatte.

---

14 Gabler Bank-Lexikon, 10. Aufl. Wiesbaden 1983, Sp. 276.
15 Marika Preuß: Der Zusammenbruch der Nordwolle in Bremen, Bremen 1970.
16 Alexander Kitanoff: Aktienrückkäufe und Interessen der Gläubiger, Aktionäre und des Kapitalmarkts, Frankfurt am Main, 2009, S. 22-24.

Das war mehr als die Hälfte des Grundkapitals der Bank, welches etwa bei 60 Millionen Mark lag. Durch den Aktienrückkauf lag das tatsächliche Grundkapital lediglich bei 25 Millionen Mark, was die Verluste nicht decken konnte. Die Folge: Die Summe der Großkredite der Bank überstieg ihr haftendes Eigenkapital um mehr als das Zwanzigfache. Nach reißerischen Presseberichten und großen Befürchtungen einer Wiederholung des Zusammenbruchs von 1929 wollten zahlreiche Kunden und Anleger ihre Gelder zurück, so dass die Bank am 13. Juli 1931 nicht mehr geschäftsfähig war. Der Konkurs der Danat-Bank löste im Sommer 1931 eine Abhebe-Welle auf Konten aller Banken und eine Bankenkrise aus. Der Konkurs war auch ein weiterer Grund, dass die Deutschen den Banken nicht vertrauen konnten und dazu tendierten, ihre Gelder bei sich zu Hause aufzubewahren: Der berühmte Sparstrumpf der Deutschen ist nicht zuletzt 1931 entstanden.

Bankencrash am 13. Juli 1931: Gläubiger finden sich
vor den Toren der Bank ein.

Gegen die Wand gefahren: Borgward

In der Automobilindustrie gab es von Daimler
bis Tesla äußerst erfolgreiche Aktienunternehmen, daneben jedoch auch einige Totalausfäl-
le. Am bekanntesten war wohl der Crash des
Automobilherstellers Borgward aus Bremen.
Das Unternehmen hat eine lange Vorgeschichte: Die Firma Borgward begann nach dem Ersten Weltkrieg, Verkehrsfahrzeuge zu produzie-

ren, „Blitzkarren" und „Goliath" waren die erfolgreichsten.[17]

Schon einmal, 1936, war das Unternehmen kurzfristig eine Aktiengesellschaft. Da sich der Firmengründer Carl Friedrich Wilhelm Borgward (1890-1963)[18] jedoch bald von seinen neuen Partnern bevormundet fühlte und allein die Führung übernehmen wollte, wurde diese AG nur ein Jahr später wieder aufgelöst. Borgward begann nun auch, Lkws zu produzieren und war einer der bedeutendsten Autohersteller im Deutschen Reich. Im Krieg war das Unternehmen ein Hauptlieferant für Halbkettenfahrzeuge wie Schützenpanzer, Zugmaschinen, Ladungsträger. Auch Torpedos wurden produziert. Es gelang dem Unternehmen nach 1945 nur schwer, die Produktion wieder auf zivile Fahrzeuge zurückzufahren. Carl Borgward durfte wegen seiner Mitgliedschaft in der NSDAP nach 1945 die Werke zunächst nicht leiten, später spielte das keine Rolle mehr. We-

---

17 Christian Steiger: Typenkompaß Borgward –
Goliath – Lloyd, Personenwagen 1931-1970,
Stuttgart 1999.
18 Georg Schmidt: Kaisen und Borgward, Bremen
1997.

gen zu großer Modellvielfalt und einer ver-
nachlässigten betriebswirtschaftlichen Führung
geriet das Unternehmen in finanzielle Nöte
und war in den 1959er Jahren auf wiederholte
Kreditaufnahmen angewiesen. Nachteilig
wirkten sich auch die erheblichen Qualitäts-
mängel aus, die das Image der Marke negativ
beeinflussten. Aus der Not heraus entwickelte
man auch Hubschrauber für die neugegründete
Bundeswehr, die aber daran kein Interesse
zeigte. Auch das Engagement im Sportbereich
war wirtschaftlich gesehen ein Misserfolg:
Trotz stetiger Weiterentwicklung der Renn-
sportwagen und insbesondere der Motoren
nahmen die Erfolge im Laufe der Jahre stetig
ab, sodass sich Borgward 1958 entschied, auf
die Teilnahme am Nürburgring und der Rallye
Carrera Panamericana zu verzichten. Vor allem
die Kosten, die der Rennsport verursachte, waren zu hoch und die Werbewirksamkeit für einen Hersteller, der selbst gar keine Sportwagen
anbot, eher gering.

Das miserable Weihnachtsgeschäft 1960
brachte das Ende: Wenige Tage vor dem Fest
kam es zur Zahlungsunfähigkeit des Unternehmens. Der Firmengründer Borgward bekannte

seine wirtschaftliche Unfähigkeit: „Fünf Minuten, bevor ich Geld einnehme, gebe ich es aus."[19] Schließlich sah sich der Bremer Senat 1961 dazu gezwungen, eine Bürgschaft über einen Kredit in Höhe von zehn Millionen D-Mark zurückzuziehen. Die beteiligten Banken gaben daraufhin keine Gelder mehr frei. Im Februar 1961 stellte der Senat den Unternehmensgründer Carl Friedrich Wilhelm Borgward vor die Entscheidung, sein Unternehmen dem Land Bremen zu übereignen oder in den Konkurs zu gehen. Nach über zehn Stunden Verhandlungen willigte Borgward ein und übergab sein Unternehmen dem Land Bremen. Dieses führte das Unternehmen als Borgward-Werke-Aktiengesellschaft weiter. Vorsitzender des Aufsichtsrats wurde der Münchner Wirtschaftsprüfer und Jurist Johannes Semler. Somit gelang es in diesem Falle, durch Gründung einer Aktiengesellschaft alle Gläubigeransprüche zu decken und einen beträchtlichen Teil der Arbeitsplätze zu retten. Die Immobilien und ein Teil des Maschinenparks wurden

---

19 Die Affäre Borgward – „Isabella musste sterben", in: Stern, 45, 5.11.1961, S. 20-29.

vom Siemens-Konzern übernommen, der dort die Herstellung von Elektromotoren erfolgreich aufnahm. Aus diesen Gründen wird das Vorliegen der Konkursreife von Borgward bis heute bestritten.[20] Profitiert haben dürfte vor allem die Konkurrenz: Der Konkurs der Borgward-Gruppe, die 1959 unter den deutschen Automobilherstellern den fünften Platz nach Volkswagen, Opel, Daimler-Benz und Ford einnahm, war in der Geschichte der Bundesrepublik Deutschland ein Schock für die damals noch junge Republik. Bis dahin war es in Deutschland nahezu unvorstellbar, dass es nach dem wirtschaftlichen Aufschwung der 1950er Jahre auch wieder bergab gehen könnte. Für die Geschichte der Stadt Bremen im 20. Jahrhundert war das Ende von Borgward der Beginn einer ganzen Serie von Pleiten traditioneller Bremer Betriebe, wie zum Beispiel der AG Weser, Bremer Vulkan, Nordmende, Hansa-Waggonbau und DDG „Hansa", was neben

---

20 Mark Jagla: Die Borgward-Krise von 1961. Ein vermeidbarer Konkurs? Berlin 1994; Engelbert Hartwig: Mußte Isabella sterben? – Die Tragödie der Borgward-Gruppe, Bremen 2003.

dem Verlust Tausender Arbeitsplätze auch mit dem Ausfall von Gewerbesteuern einherging.

Kein Leichenwagen, sondern der „Borgward P 100": Ein Modell aus dem Krisenjahr 1961.

Es geht ein Zug nach Nirgendwo: Penn Central

Verkehrsunternehmen wie Flugzeuge oder Eisenbahnen sind an der Börse eine bedenkliche Sache. Nicht ohne Grund hat Waren Buffett viele Jahre einen Bogen um derartige Unternehmen gemacht. Ein einziger Vorfall, wie ein Unfall oder wie jüngst die Corona-Epidemie, kann diese Unternehmen ganz besonders hart treffen. Das vielleicht prominenteste Beispiel aus der Vergangenheit ist hier das US-amerikanische Unternehmen Penn Central Transportation (PCTC), kurz: Penn Central (PC) mit Sitz in Philadelphia. Es war erst zwei Jahre vor seinem Zusammenbruch entstanden, als Fusion der Pennsylvania Railroad und der New York Central Railroad zur Penn Central Transportation. Solche Pläne eines Zusammenschlusses gab es schon seit 1957 immer wieder.[21] Immerhin war es 1968 die größte Bahngesellschaft und das sechstgrößte Industrieunternehmen der USA. Die Fusion war jedoch mit zahlreichen Fehlern behaftet, da Unternehmensteile wie die New York, Susquehanna & Western, die New Haven and Hartford Railroad und die Lehigh Valley Railroad sich nur durch die Fusion vor dem eigenen Bankrott retten konnten, zunächst. Die beiden Gesellschaften, also die Pennsylvania Railroad und der New York Central Railroad, waren jahrzehntelange Rivalen und auch die Firmenphilosophien waren recht

---

21 George H. Drury: The historical guide to North American railroads, Waukesha 1994, S. 215, 248-251.

unterschiedlich, sogar die Computersysteme passten nicht zusammen.[22] Da mit der Fusion viele Managementposten durch Mitarbeiter der einstigen Pennsylvania Railroad besetzt wurden, verließen viele, vor allem junge, innovative Führungskräfte der früheren New York Central Railroad das neue Unternehmen.

Das Umfeld war extrem schwierig: vor der Ölkrise erwartete man, dass bald die gesamte USA mit Autobahnen überzogen sei und Eisenbahn, der Dinosaurier der Vergangenheit, ganz vom Markt verschwinden würde. Hinzu kam eine Stahlkrise und staatliche Regulierungen aller Art, da vor allem die Automobillobby der USA gegen den Schienenverkehr seinen Einfluss geltend machte. Das neue Unternehmen war mit einer zu dünnen Kapitaldecke ausgestattet und schrieb von Beginn an Verluste. Allein im ersten gemeinsamen Jahr war ein Defizit von 2,8 Millionen Dollar und 1969 eines von 83 Millionen Dollar zu verzeichnen. Die Banken vergaben nach rund zwei Jahren keine weiteren Liquiditätskredite, so dass vom

---

22   John F. Stover: American railroads, Chicago 1997
(2), S. 233-234.

Unternehmensleiter Paul A. Gorman am 21. Juni 1970 mit einem Defizit von 325 Millionen Dollar Konkurs angemeldet werden musste.[23] In der amerikanischen Wirtschaftsgeschichte war dies der bis dahin größte Konkurs, die Anleger verloren den größten Teil der investierten Gelder. Das bankrotte Unternehmen verschwand nur deshalb nicht von der Bildfläche, weil man befürchtete, dass der gesamte Schienenverkehr im Nordosten der Vereinigten Staaten ohne die Penn Central mit ihren 32.000 Kilometern Schienenlänge zusammenbrechen würde. Auch befanden sich große Bahnhöfe noch in der Konkursmasse, wie etwa das Grand Central Terminal (New York) oder die Philadelphia 30th Street Station, welche man nicht komplett schließen wollte. Daher gründete man unter dem neuen Leiter Jervis Langdon Jr. 1976 die staatliche Auffanggesellschaft Consolidated Rail Corporation, die einen Sanierungsplan entwarf und den Betrieb samt des Pensionsfonds fortführte. Im Rückblick war diese Entwicklung der viel-

---

23 Joseph R. Daughen: The wreck of the Penn Central, Boston 1971.

leicht zentrale Schritt auf dem Weg der Verstaatlichung des Schienennetzes der USA.

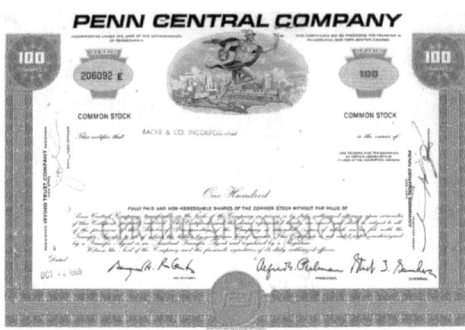

Ein bald wertloses Stück Papier: eine Aktie der Penn Central Company, 1969.

Der Ölriese Texaco ganz klein

„Mach' Station bei Texaco" war viele Jahre ein beliebter Slogan des US-amerikanischen Unternehmens Texaco. Viele Anleger hätten dem Slogan lieber nicht folgen sollen. Die Ölindustrie ist auf dem Aktienmarkt keineswegs so krisensicher, wie man meinen möchte. Texaco ist das bislang prominentestes Beispiel hierfür. Der Ölgigant ging 1987 bankrott, nachdem zwei Jahre zuvor ein Rechtsstreit mit Pennzoil bezüglich der Übernahme von Getty Oil verlorengegangen war. Das Unternehmen ging in Insolvenz, Reste des Unternehmens gingen im Unternehmen Chevron auf.

Nachdem Joseph S. Cullinan und Arnold Schlaet ein riesiges Ölfeld im Südosten des Bundesstaates Texas fanden, gründeten sie im Jahre 1901 in Beaumont die Texas Fuel Company: die Firma Texaco war geboren. Der kontinuierliche Aufstieg mündete im Kauf von Paragon Oil, eine bedeutende Heizöl-Vertriebsgesellschaft der USA. Eine weitere Vergrößerung von Texaco ergab sich 1984 durch den Zukauf von Getty Oil, zu dem auch Tidewater Petroleum gehörte. Diese Erwerbung zog jedoch langwierige Konsequenzen nach sich, da der Konkurrent Pennzoil einen nicht unterschriebenen, aber dennoch rechtsverbindlichen Übernahmevertrag mit Getty Oil abgeschlossen hatte. Beide Unternehmen lieferten sich einen damals spektakulären Rechtsstreit um Milliardensummen, der als „Ölkrieg" in die amerikanische Wirtschaftsgeschichte einging.[24] Überraschend gewann 1985 Pennzoil die Gerichtsverhandlung in den wesentlichen Punkten. Texaco wurde im bislang größten Zivilprozess in der Geschichte der USA zu einer Sanktion in Höhe von damals fast 11 Milliarden US-Dollar verklagt. Texaco ging 1987 in Insolvenz und musste u.a. Beteiligungen an der Deutschen Texaco AG veräußern, um die Sanktionen aus dem Zivilprozess gegen Pennzoil zu refinanzieren.[25]

Das Unternehmen fand nie wieder zu alter Größe zurück, sondern versuchte sich mit immer wieder wechselnden Unternehmen zusammenzuschließen. So kooperierte man zeitweise eng mit Shell, dann auch mit Equilon, mit Motiva, dann wieder mit Saudi Aramco. Im Jahr 2000 standen erneut Verkäufe an, um das Unternehmen liquide zu halten. Diesmal wurden Patente zur Herstellung von Batterien für Elektrofahrzeuge verkauft, womit ein wichtiger Zukunftsmarkt verloren ging. Wenige Monate

---

24 Thomas Petzinger: Oil and honor. The Texaco-Pennzoil wars, New York 1987.

25 Die Übernahme geschah durch die RWE AG; siehe Der Spiegel, Nr. 18, 1988.

darauf fusionierten die Reste von Texaco mit Chevron, welches seit 2005 unter dem alleinigen Namen Chevron auftritt.

Wie vom Wirbelsturm Camille wurde die Firma Texaco durch ein Gerichtsurteil vom Markt gefegt.

co op AG: Schandfleck der Gewerkschaftsgeschichte

Durch komplizierte Bilanzmanipulationen und Vermögensverschiebungen (nach dem Prinzip: hin und her macht Taschen voll) wurde eine Verschuldung von damals fünf Milliarden D-Mark bekannt. In Höhe dieser Summe hatte der einstige co op-Vorstand unter Bernd Otto mehrere Banken um zwei Milliarden Mark geprellt. Das Unternehmen wurde dann infolge des co op-Skandals, eines der seinerzeit größten Wirtschaftsskandale der deutschen Nachkriegsgeschichte, zerschlagen.

Dabei hatte es verheißungsvoll begonnen: Anfang der 1970er Jahre entstand in Frankfurt am Main die co op AG als Holding, in welcher die meisten westdeutschen Konsumgenossenschaften aufgingen. Damals bekannte Namen waren darunter, wie die Bolle-Lebensmittelkette, die COMET-Supermärkte, Mayer-Schuhe, Schlemmermeyer oder Richter Spiel und Hobby. Es war der Trend der Zeit, Genossenschaften in Börsenunternehmen umzuwandeln. Der Konzern in der Rechtsform einer Aktiengesellschaft hatte zuletzt ungefähr 50.000 Mitarbeiter und erwirtschaftete einen Umsatz von zwölf Milliarden D-Mark. Das Unternehmen war eng mit der Politik verflochten; besonders SPD-Politiker wurden hier tätig, die nach ihrer Politikkarriere bei der co op gut bezahlte Posten fanden. Die zunehmende ökonomische Inkompetenz der Ex-Politiker und die Verflechtungen mit der Politik waren der eigentliche

Grund für den Zusammenbruch des Unternehmens. Eine unrühmliche Rolle spielten auch die Gewerkschaften, die sich bei der co op AG weniger für die Mitarbeiter als für das Kapital interessierten: Verschiedene Gewerkschaften hielten beispielsweise im Jahr 1982 eine Beteiligung von 48 Prozent der Holding.[26]

Dem co op-Skandal ging eigentlich ein anderer Skandal der Gewerkschaften voraus: Nachdem der Deutsche Gewerkschaftsbund durch den Skandal um die Neue Heimat in finanzielle Probleme geriet, entschloss man sich zu einem Verkauf der co op-Beteiligung. Zunächst sollte die hauseigene Bank des Gewerkschaftsbundes das Aktienpaket übernehmen und durch Platzierung an der Börse in den Streubesitz bringen, doch diese brach das Vorhaben ab. Stattdessen übernahm der Bund Deutscher Konsumgenossenschaften die Anteile der Gewerkschaften. Überraschenderweise stießen die Prüfer der Deutschen Bank und der Commerzbank auf Unregelmäßigkeiten des geplanten Börsengangs und lehnten die Emission ab.

---

26 Burchard Bösche, Jan-Frederik Korf: Chronik der deutschen Konsumgenossenschaften, Hamburg 2003, S. 39-41.

Nachdem sich aber der Schweizerische Bank-verein bereit erklärt hatte, als Emissionshaus zu wirken, erfolgte am 16. Oktober 1987 dann der lang vorbereitete Börsengang der co op AG. Ein echter Börsengang war es kaum, denn lediglich zehn Prozent des Aktienkapitals war frei handelbar, der Rest wurde auf vier Groß-aktionäre aufgeteilt: die Gesellschaft für Han-delsbeteiligungen (GfH), die Verwaltungsge-sellschaft für Stiftungsvermögen (VSV), die BdK-Beteiligungsverwaltungsgesellschaft und die Skandinavia Gesellschaft für Handelsbetei-ligungen.

Drei co op-Vorstände, Bernd Otto, Dieter Hoffmann und Werner Casper, nutzten diese intransparenten Eigentümerstrukturen des Konzerns, um im Ausland Parallelorganisatio-nen aufzubauen. In diese Scheinfirmen wurden dann Stück für Stück große Teile der co op-Umsätze geleitet. Ganze Firmen verschwanden ins Ausland, so wurde etwa die Bremer Han-delskette Kafu-Wasmund über eine Tochter des Schweizerischen Bankvereins verdeckt erworben und nicht an das Bundeskartellamt gemeldet.[27] Es war der Verdienst des Nachrichtenmagazins „Der Spiegel", diese und andere Bilanzmanipulationen und Vermögensverschiebungen aufgedeckt zu haben. Das Vermögen war über das Ausland in schwarze Kanäle gelangt, der deutsche Mutterkonzern war ausgesaugt worden. 1988 wurde eine Verschuldung von fünf Milliarden D-Mark bekannt: In der Summe hatte der co op-Vorstand mehrere Banken um Milliarden Mark geprellt.[28] Folge war, dass die Gelder für Betriebsrenten der Mitarbeiter nicht mehr vorhanden waren. Da dem überschuldeten Unternehmen jetzt sämtliche Kreditlinien geschlossen wurden, war die co op AG zahlungsunfähig. Im Dezember 1988 wurde der komplette Vorstand fristlos entlassen. Um einen Konkurs abzuwenden, wurde 1989 ein Vergleich mit insgesamt 143 (!) Gläubigerbanken geschlossen. Das war das eigentliche Ende der co op AG, die daraufhin von der Börse genommen wurde. Reste gingen

---

27 Diese Zusammenhänge beleuchtet die Dokumentation „Kollege Otto – Die Coop-Affäre" des Regisseurs Heinrich Breloer.

28 Bernd Otto: Der Co-op-Skandal: ein Lehrstück aus der deutschen Wirtschaft, Frankfurt a. Main 1996.

im REWE-Imperium und in der Deutschen SB-Kauf AG auf, die zur Saarbrücker Asko Deutsche Kaufhaus AG gehörte, die bis 1982 selbst Teil der co op-Gruppe war.[29] Zumindest einer der Hauptverantwortlichen ist seiner Strafe nicht entgangen: Der Vorstand um Bernd Otto wurde im Dezember 1988 fristlos entlassen. Er tauchte in Südafrika unter, kehrte dann im Dezember 1989 freiwillig nach Deutschland zurück und wurde noch auf dem Frankfurter Flughafen verhaftet. Anfang der 1990er Jahre wurde er wegen Untreue, Bilanzfälschung und Betrugs angeklagt. Er wurde 1993 vom Schwurgericht Frankfurt am Main zu einer Freiheitsstrafe von viereinhalb Jahren verurteilt.[30]

---

29 Später wurde die Asko AG vom Metro-Konzern übernommen.

30 Missmanagement bei Coop: Das fast perfekte Verbrechen, in: Manager Magazin, 28.8.2001.

Betriebsrat Jürgen Siewert, der einen großen Teil der
Machenschaften der co op aufdecken konnte.

Schulden statt Gewinne mit Quintex: ein Wirecard-Vorläufer

Die Ähnlichkeiten mit Wirecard sind frappant:
ein Unternehmen kauft wahllos Firmen ein,
wurde damals als Zukunftsunternehmen gefei-
ert und ging nach wenigen Jahren überschuldet
zu Grunde. Wiederholt sich die Geschichte
also doch? Gegen Ende des 20. Jahrhunderts
kamen immer mehr Immobilienunternehmen
an die Börse. Manche sind heute noch aktiv

und haben sich zu weltweit operierenden Großunternehmen entwickelt, andere verschwanden wieder von der Bildfläche. Dazu gehört das Unternehmen Qintex Ltd. aus Australien, welches von Christopher Skase gegründet worden war. Der Hauptsitz befand sich in Brisbane, Australien. Es war der erste große Firmenzusammenbruch in diesem ansonsten wirtschaftlich sehr erfolgreichen jungen Land. Das Unternehmen war zunächst ein Finanzdienstleistungsunternehmen, das 1975 als Takeovers, Equities & Management Securities gegründet wurde. Die Abkürzung war TEAM – das klang gut und sollte Vertrauen schaffen. Später wurde es in in Qintex Ltd. umbenannt und wurde unter diesem Namen bekannt. Eigentlich war Qintex eine Holding und bestand aus mehreren Unternehmen, darunter Quintex Limited, Qintex Australia, Qintex Entertainment (heute Sonar Entertainment), Qintex TVQ und Qintex Productions. Gleichzeitig hielt das Unternehmen Beteiligungen an unterschiedlichen anderen Firmen, wie Nettlefolds (einem Autohändler), Channel 7, Mirage Resorts, Hardy Brothers (einem Schmuckeinzelhandelsunternehmen) und anderen. Diese bunte Mischung war möglicherweise ein Mitgrund des beginnenden Endes von Quintex. Zu sehr hatte man sich auf Ankäufe fokussiert, zu wenig auf ertragreiche Weiterentwicklung des Bestandes. 1989 hatte das Unternehmen große Probleme, die damals hohen Zinszahlungen zu erfüllen. Somit verkaufte man einen Immobilienanteil für mehr als 433 Millionen US-Dollar. Doch die Liquidität war damit nicht gesichert.

Die ersten Anzeichen eines Zusammenbruchs der gesamten Firma zeigten sich im Oktober 1989. Jetzt meldete die amerikanische Tochtergesellschaft Insolvenz an, nachdem die Muttergesellschaft keine Finanzierung für eine Schuldentilgung bereitgestellt hatte. Der Kurs des börsennotierten Unternehmens rauschte in den Keller, so dass die australische Börse die Aktien von Qintex kurz danach einstellte – ein an der australischen Börse bislang seltener Vorgang. Grund war nicht allein der Kursrutsch, sondern die Weigerung des Unternehmens auf Fragen zu seiner finanziellen Verfassung. In letzter Verzweiflung wagte man den ganz großen Coup: für mehrere Milliarden Dollar wollte man die US-amerikanischen

MGM-Studios erwerben, was misslang. Einen Monat später, im November 1989, ging Qintex Ltd mit Schulden in Höhe von über 1,9 Mrd. Australische Dollar in Konkurs, die Firma wurde 1991 aufgelöst.

Polly Peck versinkt im Dreck

Polly Peck International (PPI) war eine kleine britische Textilfirma, die sich schnell in den 1980er Jahren erweiterte und zu einem Bestandteil des FTSE 100 Index wurde. 1991 kollabierte das Unternehmen mit Schulden von 1,3 Mrd. Pfund, was schließlich zur spektakulären Flucht des damaligen Geschäftsführers Asil Nadir nach Nordzypern führte. Wie konnte es dazu kommen?

In Deutschland ist dieser Wirtschaftsskandal kaum bekannt, in Großbritannien zählt er zu den größten Skandalen aller Zeiten. Mitten im Zweiten Weltkrieg wurde Polly Peck als Familienunternehmen gegründet, es machte zunächst große Geschäfte mit Armeebekleidung. Zu seinen besten Zeiten hatte das Unternehmen über 17.000 Angestellte.[31] Doch Ende der 1970er Jahre hatte das Modehaus Probleme. Der Unternehmer Asil Nadir (geb. 1941) übernahm 1980 die Geschäftsführung und begann erfolgreich, neues Kapital für Investitionen im Ausland zu beschaffen. Auch wurden neue Geschäftsfelder sondiert, die nichts mit Textilhandel zu tun hatten, wie das Elektrogeschäft, Früchtehandel und Mineralwasser. Es folgte 1989 eine Mehrheitsbeteiligung an Sansui, einem japanischen Elektronikunternehmen.[32] Dies war damals eine der ersten ausländischen Akquisitionen eines großen japanischen Unternehmens, das an der Tokioter Börse notiert war. Ebenfalls 1989 kaufte Polly Peck die frühere Dosenobstsparte Del Monte für 875 Millionen US-Dollar. Damit gelang Polly Peck die Aufnahme in den FTSE 100- Aktienindex im Jahr 1989.[33] Und der Erfolg schien sich fortzusetzen: In weniger als zehn Jahren stieg die Marktkapitalisierung im Rahmen dieser

---

31 Raymond Zelker: The Polly Peck story: A memoir, London 2001.
32 New York Times, 23.5.1990.
33 Robert Wearing, Bob Wearing: Cases in corporate governance, London 2005, S. 41-43.

Strategie des Wachstums durch Akquisition von nur 300.000 Pfund auf 1,7 Mrd. Polly Peck wurde eine Holdinggesellschaft für eine weltweite Gruppe von über 200 direkten und indirekten Tochterunternehmen.

Dieser Höhepunkt war aber gewissermaßen auch der Endpunkt. Eine unabhängige Untersuchung von Wirtschaftsprüfern ergab, dass Polly Peck 1988 24 separate Zahlungen an seine Tochtergesellschaften in der Türkei und in Nordzypern in Höhe von insgesamt rund 58 Millionen Pfund geleistet hat. Im folgenden Jahr zahlte Polly Peck 141 Millionen Pfund in 64 verschiedenen Deals aus. Im Jahr 1990 war der Vorstand von Polly Peck so besorgt über das nach Nordzypern überwiesene Geld, dass er Nadir aufforderte, es zurückzugeben. Er verweigerte. Zusätzlich zu massiven Geldtransfers und undurchsichtigen Transaktionen stellten die Aufsichtsbehörden fest, dass einige Vermögenswerte von Polly Peck heimlich im Namen von Herrn Nadir registriert worden waren. Diese befanden sich alle in Nordzypern und hatten 1989 einen Nettobuchwert von 25,5 Millionen Pfund.

Am 20. September 1990 überfiel die britische Strafverfolgungsbehörde für schwere Betrugs-delikte das Unternehmen. Der Überfall löste sogleich eine so starke Verkaufswelle auf Pol-ly-Peck-Aktien aus, dass der Handel mit Akti-en dieses Unternehmens noch am gleichen Tag eingestellt werden musste.[34] Ende Oktober 1990 wurde ein Antrag auf vorläufige Liquida-tion gestellt. Letztendlich brach das Unterneh-men zusammen und gegen Asil Nadir wurden siebzig Anklagen wegen falscher Buchführung und Diebstahls erhoben, die dieser jedoch alle bestritt.[35]

Wie ging es mit dem Unternehmen weiter? 1991 übertrug die Polly Peck Group große An-teile an eine ihrer Tochtergesellschaften, die Collar Holding BV mit Sitz in den Niederlan-den. Nach dem Zusammenbruch von Polly Peck wurden die Reste des Unternehmens in die dortige Verwaltung aufgenommen.

Nadir verließ Großbritannien kurz nach Ablauf seiner Freisetzung gegen eine Kaution in Höhe

---

34 Robert Wearing, Bob Wearing: Cases in corporate governance, London 2005, S. 41-43.
35 Saeed Shah: Asil Nadir hires top criminal barrister for defence, in: The Independent, 11.11.2003.

von 3,5 Millionen Pfund. Dies konnte geschehen, da die Beamten, die ihn bewachen sollten, dienstfrei hatten, um an einem Feiertag Überstunden zu sparen. Nadir flog mit einem Leichtflugzeug nach Frankreich, dann nach Türkisch-Zypern. Dieses Land, das nur von der Türkei anerkannt wird, hatte kein Auslieferungsabkommen mit Großbritannien. Nadir blieb unbehelligt bis zum 26. August 2010 als Flüchtling in Nordzypern. Peter Dimond, der Pilot, der ihn aus Großbritannien ausgeflogen hatte, wurde wegen Beihilfe zur Flucht verurteilt.[36]

Inzwischen wurde Erdal & Co, die nordzypriotische Gesellschaft für Wirtschaftsprüfung, 1988 und erneut 1989 wegen der Prüfung der nordzypriotischen Tochtergesellschaften von Polly Peck mit einer Geldstrafe belegt. Ein Minister der Regierung, Michael Mates, musste 1993 zurücktreten, nachdem die Presse über seine engen Verbindungen zu Asil Nadir berichtet hatte. Im Jahr 2002 verhängte das Disziplinargremium für Rechnungslegung (das

---

36 BBC-News, 15.1.1999. Die Verurteilung wurde jedoch aufgehoben, als festgestellt wurde, dass die Kaution abgelaufen war.

Joint Disciplinary Tribunal) eine Geldstrafe von 75.000 Pfund gegen Stoy Hayward wegen seiner unprofessionellen Rolle als Konzernprüfer bei Polly Peck.

Inzwischen entwickelten sich die Geschäfte für Asil Nadir weniger gut: Seine Hotels musste er 1994 verkaufen, um Steuerschulden zu begleichen. Seine Bank Endustri wurde 2009 von der Zentralbank Nordzyperns übernommen, und die kleine Zeitung Kibris sowie ein Fernseh- und Radiosender sind alles, was von seinem einstigem Reich übrig geblieben ist. Im Juli 2010 wurde bekannt, dass Asil Nadir eine Kaution beantragen wolle, um nach Großbritannien zurückzukehren, um sich dort den zahlreichen Anklagepunkten zu stellen.[37] Sein Prozess begann am 23. Januar 2012, zunächst mit 13 Anklagen wegen Diebstahls und falscher Buchführung. Bereits am 22. August 2012 wurde Asil Nadir in zehn Fällen wegen Diebstahls an dem Aktienunternehmen Polly Peck in Höhe von fast 29 Millionen Pfund für schuldig befunden.[38] Die Jury befand ihn in

37 BBC-News, 30.7.2010.
38 BBC-News, 23.1.2012.

drei weiteren Anklagepunkten für nicht schuldig. Er wurde zu zehn Jahren Haft verurteilt.[39]

So hübsch sah es aus: Polly Peck Werbung aus den 1960er Jahren.

Bank of Credit and Commerce International – Bank der Korruption und internationalen Verbrechen

1991 war wieder ein Jahr der Bankenkrisen, davon besonders betroffen war die Bank of Credit and Commerce International. Dem

---

39 BBC-News, 23.8.2012.

Geldhaus mit Einlagen in Höhe von ca. 25 Milliarden US-Dollar konnten Beteiligungen an Geldwäsche, Bestechung, Waffenhandel und sogar Terrorismusunterstützung nachgewiesen werden. 1991 war es der bis dahin größte internationale Finanzskandal. Die Zeitung The Guardian bezeichnete die Vorgänge seinerzeit als den „größten Betrug der Weltgeschichte" und als „Über-20-Milliarden-Raub".[40]

BCCI auf dem Cover der renommierten Zeitschrift Time, 6.7.1991.

---

40 Peter Truell, Larry Gurwin: False profits. The inside story of BCCI, the world's most corrupt financial empire, New York 1992.

Die Bank of Credit and Commerce International (BCCI) war 1972 von dem Inder Agha Hasan Abedi (1922-1995) in Pakistan gegründet worden. Das Kapital stammte von Sheikh Zayed bin Sultan Al Nahayan, dem Emir von Abu Dhabi in den Vereinigten Arabischen Emiraten, sowie zu 25 Prozent von der Bank of America. Wie oft ist die anfängliche Geschichte des Gründers eine Aneinanderreihung von Erfolgen: In den 1970er Jahren wuchs die BCCI schnell und stellte hierbei das Wachstum der Einlagenhöhe gegenüber dem Gewinn in den Vordergrund. Sie zielte insbesondere auf Personen mit hohem Eigenkapital und auf die Schaffung hoher Bankguthaben ab. Die BCCI differenzierte sich im Verlauf ihres rasanten Wachstums immer stärker zu einer Firmengruppe, in die auch andere Banken einverleibt wurden. Diese Holding war in Luxemburg registriert und hatte Hauptstellen in London und Karachi. Auf dem Höhepunkt ihrer Geschichte operierte das Institut in 78 verschiedenen Ländern und hatte über vierhundert Niederlassungen.

Das Wachstum der Firma zog erhebliche Finanzierungsprobleme nach sich. Bereits

1977 war die finanzielle Zwangslage der Bank so bedrohlich, dass die britische Zeitung The Guardian später dazu feststellte, dass die BCCI zu diesem Zeitpunkt „mit großer Sicherheit bereits insolvent gewesen war".[41] Um den Geschäftsbetrieb aufrechterhalten zu können, ging die BCCI dazu über, ihre Betriebskosten ähnlich einem Schneeballsystem aus den Einlagen ihrer Kunden zu decken. Dennoch setzte die BCCI ihren Expansionskurs fort und betrat 1979 den afrikanischen und in den frühen 1980er Jahren den asiatischen Finanzmarkt. Die „Kunden" der Bank waren u.a. die Führer der Contras Adolfo Calero und Daniel Noriega, der Diktator Saddam Hussein, Ferdinand Marcos, der peruanische Präsident Alan García und Waffenhändler wie zum Beispiel Adnan Khashoggi. Ein Vorbeben von den Erschütterungen, die noch kommen sollten, war 1988 der sogenannte Fall C-Chase. Damals wurde die BCCI in Tampa, Florida, in ein auf Drogengeld basierendes Geldwäschesystem verwi-

---

41 Dan Atkinson, in: The Guardian, 8.1.1999.

ckelt, bekannte sich schuldig und wurde verurteilt.[42]

Im März 1991 beauftragte die Bank of England (die Zentralbank von Großbritannien) die Prüfungsgesellschaft Price Waterhouse mit einer Untersuchung. Am 24. Juni 1991 übergaben die Prüfer ihre Ergebnisse in Gestalt des Sandstorm-Berichts, wobei der Begriff „Sandstorm" als Tarnname für die BCCI verwendet wurde. Der Bericht kam, mit Hilfe der Sunday Times, zu dem Ergebnis, dass die BCCI weitreichend in Betrügereien und Manipulationen verwickelt war.

Die Einzelheiten in den Terrorismus und den Waffenmarkt interessieren hier nicht, es gibt dazu eine umfangreiche Literatur.[43] Wir wollen

---

42 The BCCI affair. A report to the Committee on Foreign Relations United States Senate by Senator John Kerry and Senator Hank Brown, December 1992, 102d Congress 2d Session Senate Print 102-140, Chap. 4.

43 Nick Kochan, Bob Whittington: Bankrupt: The BCCI fraud, London 1991; James Ring Adams, Douglas Frantz: A full service bank, London 1991; Jonathan Beaty, S. C. Gwynne, The outlaw bank. A wild ride into the secret heart of BCCI, New York 1993.

uns auf die Krise und den Bankrott des Unternehmens konzentrieren: Am 5. Juli 1991 schloss die Bank of England die BCCI, der Börsenkurs wurde ausgesetzt. Die Ermittler stellten fest, dass die Bank wertlos war und mehr als 13 Milliarden US-Dollar spurlos verschwunden waren. Ungefähr eine Million Anleger waren von diesen Vorgängen betroffen. Gläubiger der BCCI reichten infolge der Insolvenz auch eine Klage über 1 Milliarde US-Dollar gegen die Bank of England aufgrund ihrer Rolle als Aufsichts- und Genehmigungsbehörde ein. Nun kamen schier unglaubliche Enthüllungen ans Tageslicht: US-amerikanische und britische Ermittlungsbehörden stellten fest, dass das Geldinstitut in Geldwäsche, Bestechung, Waffenhandel und den Verkauf von Nukleartechnologie, Unterstützung des Terrorismus, Steuerhinterziehung, Schmuggel, illegale Einwanderung, illegalen Kauf von Immobilien und Banken sowie der Förderung von Prostitution verwickelt war.[44]

---

44 The BCCI Affair. A report to the Committee on
    Foreign Relations US Senate by Senator J. Kerry
    and Senator H. Brown, December 1992, 102d
    Congress 2d Session Senate Print 102-140, Chap. 4.

Eine von dem damaligen US-Senator John Kerry geführte Untersuchung kam zu dem Ergebnis, dass die Bank genutzt wurde, um Drogengeld des Medellín-Kartells zu waschen. Die Ermittler enthüllten auch, dass die BCCI bereits mit der Zielsetzung gegründet worden war, zentralisierte behördliche Überprüfungen zu vermeiden und die gesetzlichen Bestimmungen zum Bankgeheimnis weitreichend auszunutzen. Die die Bank betreffenden Vorgänge waren außergewöhnlich komplex. Die Mitarbeiter der Bank waren hochqualifizierte internationale Finanzexperten, die das offenkundige Ziel hatten, ihre Geschäftsaktivitäten geheim zu halten, Betrug in einer außergewöhnlichen Größenordnung zu begehen und der Entdeckung zu entgehen.[45]

Agha Hasan Abedi floh nach Pakistan, wo sämtliche Forderungen nach seiner Auslieferung von den dortigen Behörden abgelehnt wurden. Der Manager Abbas Gokal (geb. 1936) erhielt 14 Jahre Haft, später auf 17 Jahre

---

45 The BCCI Affair. A report to the Committee on Foreign Relations US Senate by Senator John Kerry and Senator Hank Brown, December 1992, 102d Congress 2d Session Senate Print 102-140, Chap. 4.

verlängert, die schärfste Bestrafung für einen Finanzbetrug in der jüngeren britischen Geschichte. Der Vorstandsvorsitzende Swaleh Naqvi wurde sowohl in Abu Dhabi als auch in den USA zu langjährigen Haftstrafen verurteilt. In beiden Ländern kam es im Umfeld der Ermittlungen noch bis 2005 zu weiteren Verurteilungen von Mitarbeitern im Umfeld der einstigen BCCI, von denen sich aber viele durch Strafzahlungen freikauften.

Tanz auf dem Vulkan: die Bremer Vulkan Werft und ihr Erlöschen

Der Bremer Vulkan, gegründet 1893, war einst die vielleicht wichtigste Großwerft Deutschlands.[46] Über einhundert Frachtschiffe, Passagierschiffe, Tanker, Fischdampfer, U-Boote, Containerschiffe und Fregatten liefen hier vom Stapel. Bis zu sechstausend Mitarbeiter standen hier in Lohn und Brot. Neben den Gründern war ab 1919 August Thyssen ein Anteilseigner der Aktiengesellschaft.

---

46 Reinhold Thiel: Die Geschichte des Bremer Vulkan 1805-1997, Bd. 1, Bremen 2008.

Einst Stolz des Deutschen Reichs: Eine Vulkan-Aktie
aus dem Jahr 1895.

Einen letzten Aufschwung brachten bis 1945
die Rüstungsaufträge, und ab 1970 setzt fort-
schreitend der Niedergang der Werft ein.
Managementfehler und streitsüchtige Gewerkschaften beschleunigten diesen Niedergang: So
setzte man weiterhin auf den Tankerbau, konnte aber mit den asiatischen Produktionsstätten

nicht konkurrieren. Der zukunftsträchtige Spe-
zialschiffbau wurde kaum entwickelt. Um den
Betrieb zu stabilisieren, stieg das Land Bremen mit Übernahme von 25 Prozent der Akti-
en ein – wie oft war auch hier die staatliche
Beteiligung nicht die Lösung, sondern nur das
verzögerte Ende. Zur gleichen Zeit fand man
aber das Kapital, die Aktienmehrheit der
Schichau Unterweser AG Bremerhaven zu
übernehmen. Andere Firmen, die ihre besten
Zeiten hinter sich hatten, wurden in den
1980er und 1990er Jahren gänzlich einverleibt,
und unter dem SPD-Politiker Friedrich Hennemann (1936-2020) wurde die Bremer Vulkan
zum Gemischtwarenladen: man übernahm die
Neue Jadewerft in Wilhelmshaven, man verei-
nigte sich mit der Lloyd-Werft in Bremerhaven, kaufte die Maschinenfabrik Dörries
Scharmann in Mönchengladbach oder das
Elektronik-Unternehmen Krupp Atlas GmbH.
Kontrollen waren nicht zu befürchten, da das
strukturschwache Land Bremen der größte Anteilseigner der Vulkan AG war und der Bremer
Senat nicht den Mut aufbrachte, gegen die Geschäftsführung des wichtigsten Arbeitgebers in

der Hansestadt vorzugehen.[47] Anfang der
1990er Jahre hätte das Unternehmen bereits
Konkurs anmelden müssen, wenn nicht die
Wiedervereinigung diesen Prozess verzögert
hätte. Es gelang der Bremer Vulkan, sich im
Zuge der Privatisierung Werften in Stralsund,
Wismar und Rostock einzuverleiben, dazu
noch ein Kran- und Hebewerk in Eberswalde.
Als Folge des Ausverkaufs der gesamten ostdeutschen Werftindustrie musste der damalige
Ministerpräsident von Mecklenburg-Vorpom-
mern Alfred Gomolka (1942-2020) zurücktreten, aber gerade nicht wegen des Ausverkaufs,
sondern wegen seiner Verhinderung: Gomolka
wollte die Abtretung des ostdeutschen Schiff-
baukombinats an die Vulkan-Aktiengesell-
schaft verhindern und wurde daraufhin von der
CDU-Landes- und Bundesregierung gestürzt –
ein schwerer Fehler, wie sich bald zeigte.
1995 wurden erste Berichte über Liquiditäts-
probleme des Unternehmens bekannt. Schwierigkeiten machten unzureichendes Eigenkapital, fehlende nationale Zielsetzung und daher

---

47 Udo Philipp: Zwischen Moral und Morast: die
   Vulkan-Connection, Berlin 1998.

weitgehend fehlende Investitionstätigkeit im zivilen Schiffbau. Betriebsräte der ostdeutschen Werften erhoben den Vorwurf, dass 850 Millionen D-Mark EU-Fördermittel für die Ostwerften in die westdeutschen Betriebe zweckentfremdend umgeleitet wurden. Der Aktienkurs brach um zwanzig Prozent ein und erholte sich nicht mehr. 1996 trat auch endlich Hennemann als Vorstandsvorsitzender zurück, mehrere Monate war der Konzern dadurch führungslos; das Werftunternehmen geriet in schweres Fahrwasser und drohte Schiffbruch zu erleiden. Zu keiner Zeit wurde durch die Manager ein nachhaltiges strategisches Investitionskonzept entwickelt, das geeignet gewesen wäre, in Wettbewerb mit den asiatischen, insbesondere koreanischen und chinesischen Werften zu treten. Die Folge: 1996 meldete die Bremer Vulkan AG Insolvenz an und stellte im August 1997 den Schiffbau in der Stammwerft in Bremen-Vegesack ein. Die ostdeutschen Werften wurden aus der Holding wieder ausgegliedert, waren also von der Insolvenz nicht betroffen, ebenso die Lübecker und die Wilhelmshavener Werft. Für die Lloyd Werft Bremerhaven bestanden wegen einer stabilen Auftragslage ebenfalls gute Überlebenschancen.

Ein zunächst angestrebter Vergleich für die übrigen Reste der Bremer Vulkan scheiterte, ebenso ein angestrebter Neuanfang mit einem Verbund aller an der Weser angesiedelten Werften. Die Immobilien und Grundstücke wurden veräußert, der militärischer Schiffbau wurde an die Lürssen-Werft verkauft, ein ehemaliger Teil der Werft wird heute als Proben- und Veranstaltungszentrum kulturell genutzt.

Durch die folgende Abwicklung des Unternehmens verloren rund 9.000 der ehemals 23.000 Beschäftigten ihre Arbeitsplätze.[48] Nach dem Zusammenbruch befassten sich rechtliche Untersuchungen mit der Veruntreuung der 850 Millionen D-Mark europäischer Fördergelder, ohne dass aber nur Teile dieser Gelder an ihren Bestimmungsort gelangten. Auch wenn Hennemann mit auf der Anklagebank saß, trug er nicht die Alleinschuld an der Vulkan-Pleite. Ein 1997 eingesetzter Untersuchungsausschuss der Bremer Bürgerschaft stellte klar, dass Politik, Treuhandanstalt, Aufsichtsrat und Wirt-

---

48 Weser-Kurrier, 15.8.2017.

schaftsprüfer ebenso mitverantwortlich waren.
Im März 2010 stimmten zwei von vier ehemaligen Vulkan-Vorständen in einem Zivilverfahren vor dem Hanseatischen Oberlandesgericht
in Bremen einem Vergleich zu. Das Strafver-
fahren gegen die damaligen Vorstandsmitglieder wegen des Verdachts des Subventions-
betruges wurde 2010 eingestellt.[49]

Der Chart zeigt gen Süden: Südmilch
Milch ist an sich eine gute Sache, aber Milch-
unternehmen sind mitunter an Kriminalität
nicht zu übertreffen. Beispiele aus jüngster
Zeit: die Südmilch und die Sachsenmilch.

Eine der ersten Aktien der Firma Südmilch von 1972.

---

49 Süddeutsche Zeitung, 29.1.2010.

Zur Vorgeschichte: 1969 hatte sich in Heilbronn die überregionale Interessengemeinschaft Milch (Intermilch-Gruppe) zusammengefunden, die zum größten deutschen milchverarbeitenden Unternehmen wurde. Am 29. Juni 1972 erfolgte die Gründung der Südmilch als Aktiengesellschaft. Die Südmilch AG hatte einen damaligen Jahresumsatz von 13 Milliarden D-Mark, selbstverständlich nicht allein mit Milch, sondern mit Molkereiprodukten, Lieferflotten, Immobilien und Läden. Ähnlich wie bei der Bremer Vulkan AG scheiterte das Unternehmen letztlich an seiner eigenen Gier im Zuge der Wiedervereinigung nach 1989. Das Unternehmen übernahm im Rahmen der Reprivatisierung die Großmolkerei Dresdner Milchversorgungs-Anstalt in Dresden-Plauen und firmierte diese 1990 zur Sachsenmilch-Aktiengesellschaft um. Die Südmilch AG war jetzt der größte deutsche Molkereikonzern. Die Leitungsfunktionen wurden weitgehend mit Personen aus dem Südmilch-Vorstand besetzt, meist solche, die man im Westen los werden wollte oder die noch keine Karriere gemacht hatten. Zum Vorstandsvorsitzenden der neuen Sachsenmilch AG wurde Wolfgang Weber, zum Aufsichtsratsvorsitzenden wurde Friedrich Wilhelm Schnitzler gewählt.

Wolfgang Weber war von 1972 bis 1992 Vorstandsvorsitzender, anschließend bis Januar 1993 Aufsichtsratchef der Südmilch AG in Stuttgart. Nach den Ermittlungen der Staatsanwaltschaft zeichneten sich bereits 1991 finanzielle Probleme bei der Umsetzung des Projekts ab, die das Management entweder nicht erkannte oder nicht kommunizierte. Weber betrog die Aktiengesellschaft um ca. 38 Millionen D-Mark.[50] Dieser Millionenbetrug gelang ihm über einen Manager bei der Deutschen Bank, die traditionell in zahlreiche Affären und Betrügereien verwickelt ist. Dieser Manager legte dem damaligen Aufsichtsratsvorsitzenden der Südmilch AG, Schnitzler, und auch anderen Unternehmern, gefälschte Bilanzen vor. Nach Aussage der Staatsanwaltschaft befand sich Weber im Verdacht, mit einem Know-how-Verkauf versucht zu haben, die Südmilch AG zu Lasten der ostdeutschen Sachsenmilch AG zu sanieren. In diesem Zusammenhang soll Weber mit dem von der Süd-

---

50 Süddeutsche Zeitung, 19.5.2010.

milch AG betreuten Börsengang der Sachsenmilch AG durch falsche Angaben die Aktien-
käufer sowie die Emissionsbank geschädigt
haben. Neben gemeinschaftlichen Betrug wurde ihm auch Untreue zum Nachteil der Sachsenmilch AG vorgeworfen. Weber konnte 1993
nach Paraguay fliehen, offensichtlich mit ge-
nügend Kapital aus dem Unternehmen: Er
wurde Rinderzuchtfarmer und belieferte mit
seinen Fleischprodukten auch McDonald's.[51]
Nach dem Abtauchen bzw. Entlassung mehrere
Manager gab es weder Geschäftsführer noch
sonstiges Führungspersonal. Die Südmilch AG
ging in Konkurs. Schnitzler wickelte Ende
1993 die Fusion mit der damaligen Campina
BV, heute FrieslandCampina Germany, in Hol-
land erfolgreich ab. Dadurch konnte die Südmilch als Marke innerhalb der FrieslandCampina Germany erhalten werden. Die Sachsenmilch AG wurde eine Tochter der Unternehmensgruppe Theo Müller, die unter den Mar-
kennamen Sachsenmilch und Käsemeister
produziert. Das Unternehmen notierte übrigens

---

51 Der Spiegel, 20.3.1995.

als erstes in Ostdeutschland mit der ISIN DE000A0DRXC4 an der Deutschen Börse.

Mehrere Manager der Südmilch AG wurden zu mehrjährigen Haftstrafen verurteilt. Bei Weber, der sich schließlich doch den deutschen Behörden stellte, wurde der Haftbefehl gegen eine Sicherheitsleistung von hunderttausend Euro im Jahr 2003 außer Vollzug gesetzt.[52] Nach einem umfassenden Geständnis wurde er zu zwei Jahren auf Bewährung verurteilt.[53]

Rumble in the jungle: Ex für Bre-X

Das kanadische Bergbauunternehmen Bre-X behauptete, es habe in Indonesien eine der größten Goldlagerstätten der Welt entdeckt. Erst nach einer beträchtlichen Zeitspanne stellte sich heraus, dass so gut wie alle Probebohrungen im Explorationsgebiet noch vor Ort gefälscht worden waren. Statt ganzer Bohrkerne wurden nur gemahlene und verfälschte Gesteinsproben an unabhängige Labore geschickt. Zu seinen Hochzeiten zählte das Un-

---

52   Der Spiegel 16.9.2003.
53   Süddeutsche Zeitung, 30.10.2003.

ternehmen zu den größten, an der TSX gelisteten Titeln – wie konnte es dazu kommen?

Bre-X Minerals Ltd. wurde 1989 von David Walsh mit Sitz in Calgary gegründete. Das kleine Unternehmen erzielte bis 1993 keinen nennenswerten Gewinn, bis Walsh dem Rat des Geologen John Felderhof (1940-2019) gefolgt war und eine Immobilie mitten in einem Dschungel in Indonesien erwarb, einschließlich der Schürfrechte auf dreißig Jahre. Auf dem entlegenen Grundstück in Busang wurden auf den Feldern Busan I und Busang II gewaltige Goldvorkommen vermutet, die Schätzungen nahmen im Laufe der Jahre zu: 1996 waren es 16 Millionen Unzen (450 Tonnen Gold), 1997 aber schon sagenhafte 71 Millionen Unzen (2000 Tonnen Gold). Inoffizielle Schätzungen von Felderhof und Walsh bewegten sich hingegen bereits in Größenordnungen von hundert bis zweihundert Millionen Unzen, und das noch ohne Einschluss des angeblich enormen Potentials von Busang III. Damit wäre die psychologisch wichtige Grenze von einer Million Unzen weit überschritten, ab der auch größere Investoren wie Barrick Gold, Teck Resources oder Newmont Mining Interesse zeigten. Analysten veröffentlichten nun auch die ersten positiven Besprechungen über das Busang-Projekt, und der bisher immer noch drohende Bankrott von Bre-X war zunächst abgewendet. Selbst erfahrene Top-Analysten wurden von der Euphorie erfasst, starrten nur auf die vermeintlich riesige Zahl der Unzen und das zukünftige Potential der Lagerstätte. Es kursierten bereits Vergleiche mit Weltklasse-Lagerstätten wie dem Witwatersrand (Südafrika) oder dem Carlin-Gürtel (Nevada). Skeptikern hingegen unterstellte man, sie seien bloß neidisch auf den Erfolg des kleinen neuen Wettbewerbers. Ebenso wie das geschätzte Goldvorkommen anstieg, so stieg auch der Kurs der Aktie an: diese wurde 1989 an der Alberta Stock Exchange und anschließend ab 1996 an der Toronto Stock Exchange notiert, wo das Unternehmen bald im Index der dreihundert besten Unternehmen Kanadas (TSE 300) aufgenommen wurde. Schließlich gelangte Bre-X sogar an die NASDAQ.[54] Ernsthaft wurde erwogen, die Bre-X-Aktie in den Dow

---

54   Washington Post, 18.5.1997.

Jones Index aufzunehmen – glücklicherweise ist es nicht dazu gekommen.

Der Aktienkurs von Bre-X stieg bis 1997 auf 280 kanadische Dollar je Aktie (splitbereinigt), und zu seinen besten Zeiten hatte das Unternehmen eine Marktkapitalisierung von 4,4 Milliarden US-Dollar. Lange konnte der Betrug jedoch nicht unentdeckt bleiben. Das Unternehmen geriet in die Schlagzeilen, als der philippinische Bre-X-Geologe Michael de Guzman unter nie geklärten Umständen zu Tode kam, indem er von einem Hubschrauber in Indonesien sprang.[55] De Guzman galt nicht nur als fachlich kompetent, sondern auch als moralisch integer, so dass sein Verschwinden Fragezeichen hinterließ. Am 26. März 1997 gab die amerikanische Firma Freeport-McMoRan, ein potenzieller Partner bei der Entwicklung von Busang, bekannt, dass ihre eigenen Kontrollbohrungen unter der Leitung eines australischen Geologen nur unbedeutende Mengen von Gold aufwiesen.[56] Sogleich kam es zu einem rasenden Ausverkauf von Aktien.

---

55 Douglas Goold, Andrew Willis: The Bre-X fraud, Toronto 1997.

56 Washington Post, 18.5.1997.

Bre-X forderte weitere Überprüfungen und gab eine weitere Überprüfung der Testbohrungen in Auftrag, die wiederum negativ ausfiel. Am 1. April 1997 weigerte sich Bre-X, eine Stellungnahme abzugeben. Strathcona Minerals, ein unabhängiges Drittunternehmen aus Kanada, wurde hinzugezogen, um eine weitere Analyse durchzuführen. Strathcona Minerals veröffentlichten ihre Ergebnisse am 4. Mai 1997: Die Busang-Erzproben waren künstlich mit Goldstaub angereichert worden. Neben den Bohrungen entdeckte man nun auch das metallurgische Labor, in welchem die Probebohrungen mit Gold vermengt wurden, bevor sie zur Analyse verschickt wurden. Die Kurse fielen weiter, der Börsenhandel mit Bre-X wurde nach wenigen Tagen an der TSE 300 und der NASDAQ komplett eingestellt, und das Unternehmen geriet in finanzielle Schwierigkeiten.[57]

---

[57]   New York Times, 9.5.1997.

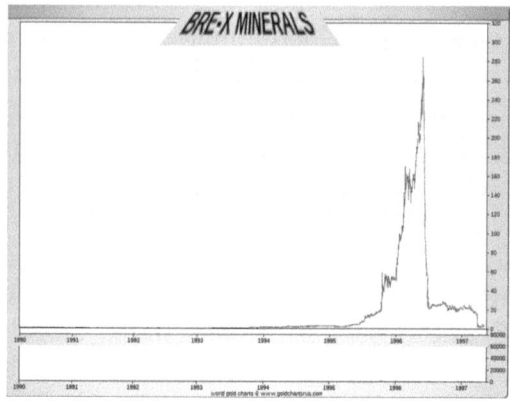

Unglaublicher Anstieg und kurz darauf ein ebensolcher Abstieg: der Kurs der Bre-X-Aktie im historischen Verlauf bis zu ihrem Delisting.

Nun sah sich Bre-X einer Reihe von Klagen von Investoren gegenüber, die Milliarden verloren hatten. Zu den Hauptverlierern gehörten das Ontario Municipal Employees Retirement Board (Verlust von 45 Millionen US-Dollar), die Caisse de Dépôt et Placement du Québec (die Pensionskasse des öffentlichen Sektors in Quebec, 70 Millionen US-Dollar) und der Ontario Teachers Pension Plan (100 Millionen US-Dollar). Zudem wurde es auf Jahre hinaus für kleine und mittlere Explorations- und Bergbaugesellschaften sehr schwierig, an Risikokapital zu kommen. Ähnlich wie der Finanz-Crash von 1987 brachte der Bre-X-Skandal die gesamte Rohstoff-Branche in Bedrängnis, der Ruf dieses Sektors war ruiniert.

Das Mutterunternehmen Bre-X ging am 5. Mai 1997 in Konkurs, obwohl einige seiner Tochtergesellschaften noch bis zum Jahr 2003 tätig waren. Walsh flüchtete 1998 auf die Bahamas und beteuerte weiterhin seine Unschuld. Es kam zu dramatischen Ereignissen: maskierte bewaffnete Männer brachen in sein Haus in Nassau ein, banden ihn fest und drohten ihn zu erschießen, es sei denn, er übergäbe sein gesamtes Geld. Zwar endete dieser Vorfall friedlich, aber drei Wochen später, am 4. Juni 1998, starb Walsh unter ähnlich ungeklärten Umständen wie einst de Guzman, angeblich an einem Gehirnaneurysma.[58]

1999 gab die Aufsichtsbehörde Royal Canadian Mounted Police (RCMP) bekannt, dass sie ihre Ermittlungen beenden werde, ohne strafrechtliche Anklage gegen irgendjemanden zu

---

58 Calgary Sun, 11.2.2017.

erheben. Kritiker machten geltend, die RCMP sei unterfinanziert und unterbesetzt, um derart komplexe Fälle von kriminellem Betrug zu behandeln und stuften die kanadischen Gesetze in diesem Bereich als unzureichend ein. Es kam jedoch zu einer Zivilsammelklage gegen einstige Bre-X-Direktoren und Manager, vor allem gegen den ehemaligen Vizepräsidenten John Felderhof. Der 2001 begonnene Prozess wurde im Juli 2007 mit einem Freispruch bezüglich illegalen Insiderhandels abgeschlossen.

Es kam jedoch auch zu langfristigen Änderungen: Der Minenbetrug von Bre-X überzeugte die Fachleute, die professionellen Minenunternehmen in Kanada weiter zu regulieren und zu kontrollieren.[59] Dazu wurde die Wertpapierverordnung National Instrument 43-101 geschaffen, um Investoren vor zweifelhaften Mineralprojekten zu schützen.[60]

---

59 Gordon Andrews: Canadian professional engineering and geoscience: Practice and ethics, Toronto 2009, S. 53.

60 J. G. Price: The callenges of mineral resources for society, in: Marion E. Bickford (Hrsg.): The impact of the geological sciences on society, Boulder 2013,

HIH-Versicherung 2001

Keine Versicherung weltweit sichert gegen Betrug ab und die Branche weiß auch genau, warum. Am besten weiß es vermutlich die australische Versicherung HIH. Die Vorgeschichte führt zurück nach Großbritannien in das Jahr 1968, als die „MW Payne Underwriting Agency Pty Ltd" gegründet wurde. Es folgten verschiedene Zukäufe, Aufkäufe und Verkäufe, wie sie für diese Branche üblich sind. 1992 ging das Unternehmen an die australische Börse, 1996 entschloss man sich zu dem schönen Namen „HIH Winterthur", mit dem schweizerische Solidität und Vertrauen angezeigt werden sollte. Zahlreiche Übernahmen erfolgten, bedeutsam war vor allem der Erwerb des Versicherungsunternehmens FAI Insurance. Anschließend änderte man den Namen in HIH Insurance Ltd.

Mit einem Vermögen von acht Milliarden US-Dollar war HIH eines der größten Versicherungsunternehmen von Australien. Nach der Verrechnung des Vermögens mit Schulden und potenziellen Versicherungsansprüchen gegen

---

S. 16ff.

91

das Unternehmen blieb HIH jedoch auf dem Papier ein Nettovermögen von gerade einmal 133 Millionen. Schon eine extrem geringe Bewegung von nur 1,7 Prozent des Vermögenswerts drohte die Bilanz in einen Nettovermögensmangel zu versetzen. Und das trat ein: Am 15. März 2001 ernannte der Vorstand von HIH einen vorläufigen Liquidator, der die Kontrolle über HIH und 17 angeschlossenen Unternehmen übernahm. Der Aufsichtsrat hoffte, dass dies der HIH Zeit geben würde, die Geschäftstätigkeit zu überprüfen und die Finanzlage zu verbessern. Am selben Tag sollte HIH das Ergebnis für die sechs Monate bis zum 31. Dezember 2000 bekannt geben. Die Bekanntgabe wurde bereits einmal verzögert, und Gerüchten zufolge betrug der Verlust des Unternehmens nach einer vorsichtigen Schätzung für das Halbjahr hundert Millionen US-Dollar. Diese Zahl explodierte schnell auf zweihundert Millionen US-Dollar und dann auf dreihundert Millionen US-Dollar – den Managern gelang es weder die Kosten zu senken noch die Einnahmen zu erhöhen. McGrath, der Liquidator des Unternehmens, gab bekannt, dass HIH in dem halben Jahr wohl insgesamt über achthundert Millionen US-Dollar verloren hatte.

Am 27. August 2001 wurden formelle Liquidationsaufträge nach australischem Recht erteilt. Die Kunden strömten zu Konkurrenzunternehmen, der Aktienkurs brach ein, es kam zu Kollateralschäden: Ein Geschäftsmann Brad Cooper aus Sydney wurde am 23. Juni 2006 vor dem Obersten Gerichtshof verurteilt, nachdem ihn eine Jury in 13 Anklagepunkten wegen Bestechung für schuldig befunden hatte. Er hatte einen hochrangigen HIH-Angestellten bezahlt, um in den Monaten vor dem Zusammenbruch falsche Ansprüche durchzusetzen. Er wurde zu acht Jahren Gefängnis ohne Bewährung verurteilt.[61]

Der Niedergang von HIH war der bislang größte Unternehmensbankrott in der Geschichte Australiens. Die HIH-Versicherung ist noch heute in Abwicklung, was bedeutet, dass sie ihre ausstehenden Ansprüche weiter verwaltet, aber keine neuen Geschäfte abschließt und

---

61 Mark Westfield: HIH: The inside story of Australia's biggest corporate collapse, Milton 2003.

auch das Unternehmen nicht länger an der Börse gelistet ist.

Die Liquidatoren schätzen, dass sich die Verluste von HIH auf 5,3 Milliarden Australische Dollar belaufen. Untersuchungen zur Ursache des Zusammenbruchs haben zur Verurteilung und Inhaftierung einer handvoll Mitglieder des HIH-Managements wegen verschiedener Betrugsvorwürfe geführt. Nach dem Scheitern von HIH kündigte Premierminister John Howard die Einrichtung einer Royal Commission an, die den Zusammenbruch des Unternehmens untersuchen sollte. Richter Neville John Owen leitete diese Kommission, die dem Parlament am 16. April 2003 ihren Bericht vorlegte. Tatsächlich blieb dies nicht folgenlos: Der frühere HIH-Direktor Rodney Adler wurde am 14. April 2005 zu viereinhalb Jahren Gefängnis mit einer Nicht-Bewährungszeit von zweieinhalb Jahren verurteilt. Grund der Verurteilung waren Fälle von wissentlicher Börsenmanipulation und Pflichtverletzungen sowie Schädigung des Unternehmens. Hinzu kamen Falschinformationen: Adler versuchte, Investoren zum Kauf von HIH-Aktien zu bewegen, indem er einem Finanzjournalisten im Juni

2000 mitteilte, er selbst habe am 15. Juni 2000 1.873.661 HIH-Aktien und am 16. Juni 2000 nochmals 951.339 HIH-Aktien für sich selbst gekauft. Adler sagte dem Journalisten auch, dass er der Meinung sei, dass der Aktienkurs von HIH unterbewertet sei und eine Chance für einen schnellen Gewinn darstelle. Das Urteil war milde, da der Richter berücksichtigte, dass Adler keine seiner eigenen Aktien verkauft hatte und auch persönlich von seinen Handlungen nicht profitierte. Am 13. Oktober 2007 wurde Adler auf Bewährung aus dem St. Heliers Correctional Center im Upper Hunter Valley entlassen, nachdem er zweieinhalb Jahre seiner Haftstrafe verbüßt hatte. Im November 2007 wurde er jedoch in einem Zivilverfahren in New South Wales erneut vor Gericht gestellt.[62]

---

62 Diesmal ging es um Prämien, die er für Führungskräfte des gescheiterten Unternehmen für Telekommunikation One.Tel empfohlen hatte – Adler war selbst Mitglied des Ausschusses für Vergütungen von One.Tel!

Unternehmer und Verbrecher Rodney Stephen Adler
(geb. 1959).

Schlimm ist es auch um Raymond Reginald
Williams (geb. 1937) bestellt, der einst die
„MW Payne Underwriting Agency Pty Ltd"
mitbegründet hatte. Die englischsprachige Wi-
kipedia führt ihn als „corporate criminal", also
als Unternehmensverbrecher. Dafür gibt es
gute Gründe: Am 15. April 2005 wurde Ray
Williams zu vier Jahren und sechs Monaten
Gefängnis ohne Bewährung von zwei Jahren
und neun Monaten verurteilt, nachdem er sich
schuldig bekannt hatte, die Aktionäre über die
Finanzlage von HIH irregeführt zu haben. Hin-

zu kam, dass auch er falsche Abschlüsse eingereicht und seine Pflicht als Aufsichtsratsmit-
glied nicht erfüllt hatte.[63] Dennoch hielt ihm
der Richter zu gute, dass Williams weder einen
finanziellen Vorteil für sich suchte noch erlangte, noch dass der Tatbestand einer vorsätz-
lichen Täuschung vorläge.[64] Immerhin, Williams war es auch zehn Jahre lang untersagt, ein
australisches Unternehmen zu führen.[65] Am 14.
Januar 2008 wurde Williams nach knapp drei-
jähriger Haft aus dem Silverwater Correctional
Center auf Bewährung entlassen.[66] Das Medi-
enecho war riesig, alle australische Zeitungen
berichteten, Journalisten verfolgten Williams
sogar mit Helikoptern. In den Jahren vor dem
Zusammenbruch von HIH hatte Willams
Millionen von Dollar auf den Namen seiner
Frau überwiesen, mit dem eine Luxusvilla und
andere Immobilien sowie Vermögenswerte gekauft wurden. Dies ermöglichte, dass er in
Seaforth, einem wohlhabenden Vorort von
Sydney, wo seine Frau Rita ein Luxushaus be-

---

63 Sydney Morning Herald, 13.1.2008.
64 Sydney Morning Herald. 15.4.2005.
65 The Australian, 14.1.2008.
66 Herald Sun, 14.1.2008.

sitzt, in den (wohlverdienten?) Ruhestand gehen konnte.[67]

Out für Lernout

Auch Belgien hat zumindest einen spektakulären Bankrott zu bieten: Lernout & Hauspie Speech Products, so der volle Name, war ein Spracherkennungs- und Technologie-Unternehmen. Es war von Jo Lernout und Pol Hauspie aus Ypern in Flandern 1987 gegründet worden und hatte seinen Sitz im späteren Flanders Language Valley, eine versuchte aber nicht erreichte Nachahmung des kalifornischen Silicon Valley. Nach einem schwierigen Start wuchs das Unternehmen schnell. Es ging 1995 an der NASDAQ an die Börse und hatte in Burlington (Massachusetts) eine Dependance. Außerdem war es an der inzwischen aufgelösten EASDAQ-Börse in Brüssel notiert. In seiner kurzen Blütezeit hatte Lernout & Hauspie eine Marktkapitalisierung von fast zehn Milliarden US-Dollar; erfolgreich gestaltete sich vor allem eine Zusammenarbeit mit Microsoft.

---

67 Sydney Morning Herald, 14.1.2008.

Die Regionalregierung von Flandern spielte eine wichtige Rolle bei der Investition in das Unternehmen und das umliegende Flanders Language Valley. Lernout & Hauspie wurde schnell zu Flanderns Stolz, bekam Preise und wurde staatlich gefördert.[68] Auch die Europäische Union investiert erhebliche Mittel in das Unternehmen. 1996 erwarb Lernout & Hauspie eine Reihe kleinerer Wettbewerber, darunter den Text-to-Speech-Entwickler Berkeley Speech Technologies, dann Globalink, einen Anbieter von fortschrittlichen Übersetzungssoftwareprodukten und professionellen Übersetzungsdiensten.

Mitte der 1990er Jahre kamen auch Gerüchte über finanzielle Ungereimtheiten und Überbewertungen von Lernout & Hauspie auf, was jedoch nichts besonders ist, da jedes erfolgreiche Unternehmen von Neidern und Crashpropheten kritisiert wird. Im Falle von Lernout & Hauspie verdichteten sich die Gerüchte jedoch immer mehr zu konkreten Verdächtigungen

---

68 Marc Buelens, Eva Cools: Case description: Rise and fall of Silicon Valley in Flanders – Lernout & Hauspie speech products, in: European business ethics cases in context, Dordrecht 2011, S. 233-243.

und Befürchtungen. Anfang 1999 erhob sogar das renommierte Wall Street Journal in seiner Kolumne „Heard on the Street" Vorwürfe des Goldman-Sachs-Analysten Robert Smithson, die Gewinne und Prognosen von Lernout & Hauspie seien überbewertet. Weitere Ermittlungen des Journalisten Jesse Eisinger führten am 8. August 2000 zur Aufdeckung eines großen Finanzskandals, der fiktive Transaktionen in Südkorea und andere unzulässige und obskure Rechnungslegungsmethoden betraf. Im April 2001 wurden die Gründer Jo Lernout und Pol Hauspie zusammen mit dem ehemaligen Manager Gaston Bastiaens in einem der größten Unternehmensskandale der Geschichte festgenommen. Lernout & Hauspie ging am 25. Oktober 2001 nach einjährigem Existenzkampf endgültig in Konkurs.

Viele Menschen, besonders in Westflandern, waren vom Erfolg des Unternehmens geblendet und verloren viel Geld mit Lernout & Hauspie-Aktien. Die flämische Regionalregierung wurde durch eine Notfallbürgschaft zu einem wichtigen Investor von Lernout & Hauspie. Während einer Geldknappheit von Lernout & Hauspie garantierte der Staat dem Unternehmen 75 Prozent eines Bankdarlehens. Investoren und Steuerzahler waren gleichermaßen betroffen, als das Unternehmen dennoch bankrott ging. Während sich Pol Hauspie schuldig bekannte, bestritt Jo Lernout jegliches Fehlverhalten und behauptete, das Unternehmen sei Opfer einer CIA-Verschwörung geworden.

Nach der Insolvenz erwarb Nuance Communications (damals unter dem Namen ScanSoft) alle Sprachtechnologien von Lernout; Vantage Learning hingegen erwarb alle Proofing-, Rechtschreib- und sprachlichen Suchtechnologien. Am 20. September 2010 wurden die Mitbegründer Jo Lernout und Pol Hauspie sowie Nico Willaert, ehemaliger stellvertretender Vorsitzender, und Gaston Bastiaens, ehemaliger Geschäftsführer, wegen Betrugs durch das Berufungsgericht Gent zu jeweils fünf Jahren Gefängnis verurteilt, davon zwei Jahre auf Bewährung und eine jeweils unterschiedlich hohe Geldstrafe. Aufgrund der Überfüllung in belgischen Gefängnissen und aufgrund der Politik der Nichtvollstreckung von Strafen unter drei Jahren ist es jedoch unwahrscheinlich, dass einer von ihnen tatsächlich seine Strafe verbüßt, lediglich Jo Lernout musste ein Jahr lang an seinem Wohnsitz mit einer Fußfessel leben.[69]

Höhepunkt der Tiefpunkte: Enron

Der Jahrtausendbeginn war geprägt von wirtschaftlichem Niedergang, Massenarbeitslosigkeit und politischen Spannungen. In diese Umbruchszeit fällt der vielleicht größte Firmenskandal der letzten Jahrhunderte: Enron (zunächst mit dem sperrigen Namen „HNG/InterNorth Inc."), ein amerikanisches Energie- , Rohstoff- und Dienstleistungsunternehmen mit Sitz in Houston, Texas.[70] Enron wurde 1985 als Zusammenschluss von Houston Natural Gas und InterNorth, beides relativ kleine regionale Unternehmen, gegründet. Vor seiner Insolvenz am 3. Dezember 2001 beschäftigte Enron unter dem Manager Ken Lay (1942-2006) knapp 30.000 Mitarbeiter mit einem Umsatz von fast hundert Milliarden US-Dollar, man war unter den weltweit führenden Unternehmen auf dem heiß umkämpften Ener-

---

69 De Standaard, 26.11.2012.
70 Siehe vor allem Robert Bryce: Pipe dreams: Greed, ego, and the death of Enron, New York 2002.

giemarkt, Enron konzentrierte sich auf Strom, Gas und Pipelines. Der Anspruch war hoch, man wollte Weltmarktführer werden und expandierte nach Südamerika und Europa. Im Jahr 1999 initiierte Enron einen internetbasierten Handelsbetrieb, der von praktisch jedem Energieunternehmen in den USA genutzt wurde. Vor allem Präsident Jeffrey Skilling forcierte eine aggressive Anlagestrategie des Unternehmens und trug dazu bei, Enron zum größten Großhändler für Gas und Strom zu machen, der über 27 Milliarden US-Dollar pro Quartal handelte.

Man schreckte nicht davor zurück, mit billigen Tricks zu täuschen: Als Analysten 1998 einen Rundgang durch das Büro von Enron Energy Services erhielten, waren sie beeindruckt davon, wie intensiv die Mitarbeiter arbeiteten. In Wirklichkeit hatte Skilling andere Mitarbeiter aus anderen Abteilungen in das Büro gebracht und sie angewiesen, so zu tun, als ob sie hart arbeiten würden, um den Eindruck zu erwecken, dass die Abteilung größer und effektiver sei als sie tatsächlich war. Dieser Trick wurde mehrmals verwendet, um Analysten über den Fortschritt in verschiedenen Bereichen von Enron zu täuschen und so zur Verbesserung des Aktienkurses beizutragen.[71]

Ein Palast aus Glas und Stahl war der einstige Enron-Firmensitz in Downtown Houston, der heute von dem Ölunternehmen Chevron genutzt wird.

Der Analyst Bethany McLean war einer der ersten Kritiker von Enron, der sich nicht täuschen ließ. Im März 2001 erschien in der Zeitschrift Fortune ein Artikel von McLean, in dem festgestellt wurde, dass niemand verstehen würde, wie das Unternehmen die angege-

---

71 Bethany McLean, Peter Elkind: The smartest guys in the room: The amazing rise and scandalous fall of Enron, New York 2003, S. 179-180.

benen Mengen von Geld verdient.[72] Daniel
Scotto stellte ebenfalls die Erfolgsgeschichte
von Enron in Frage. Er verfasste im August
2001 einen Artikel, in dem die Anleger zum
Verkauf von Enron-Aktien ermutigt wurden.[73]
Auf ihn hat jedoch kaum jemand gehört. Im
August 2000 erreichte der Aktienkurs von Enron seinen höchsten Wert von 90,56 US-Dollar.[74] Zu dieser Zeit begannen Führungskräfte
von Enron, die Insiderinformationen über die
versteckten Verluste besaßen, ihre Aktien zu
verkaufen. Gleichzeitig wurden die breite Öffentlichkeit und die Investoren von Enron aufgefordert, die Aktie zu kaufen. Führungskräfte
sagten den Anlegern, dass die Aktie weiter
steigen werde, bis sie möglicherweise die
Spanne von 130 bis 140 US-Dollar erreicht
habe, während sie heimlich ihre eigenen Akti-
en auf den Markt gaben.

Nach einer Reihe weiterer Enthüllungen über
Unregelmäßigkeiten in der Buchführung, an

---

72 US today, 25.3.2002.
73 The Daily Telegraph, 20.1.2001.
74 Bethany McLean, Peter Elkind: The smartest guys
    in the room: The amazing rise and scandalous fall
    of Enron, New York 2003.

denen Enron und sein Wirtschaftsprüfer Arthur Andersen beteiligt waren und die an Betrug grenzten, beantragte Enron am 2. Dezember 2001 Insolvenz, was zu Aktionärsverlusten in Höhe von 11 Milliarden US-Dollar führte. Im Verlauf des Skandals war der Aktienkurs von Enron von 90,56 US-Dollar im Sommer 2000 auf ein paar Cent abgestürzt. Beschleunigend kam hinzu, dass Ratingagenturen eine Herabstufung der Bonität meldeten und immer mehr Vertragspartner von Enron ihre Verträge modifizieren wollten oder gar kündigten. Enron wurde als solide Blue-Chip- Aktieninvestition angesehen, daher war der Absturz ein mediales Ereignis. Es zeigte sich, dass ein Großteil von Enrons Gewinn und Umsatz das Ergebnis von Geschäften mit Zweckgesellschaften (von Enron gegründeter und kontrollierter Kommanditgesellschaften) war. Dies bedeutete, dass viele der Schulden der vergangenen Jahre von Enron und die erlittenen Verluste nicht im Jahresabschluss ausgewiesen wurden.[75]

---

75 Kenneth E. Lanham Hendrickson: The encyclopedia of the industrial revolution in world history, Lanham 2014.

Enron wählte Weil, Gotshal & Manges als Insolvenzberater. Zu diesem Zeitpunkt war es der größte Bankrott in der Geschichte der USA, 20.000 Arbeitsplätze gingen verloren, viele verloren ihre Alterssicherung, da ihre Aktienpakete wertlos geworden waren. An dem Tag, an dem Enron Insolvenz anmeldete, wurden Tausende von Mitarbeitern aufgefordert, ihre Sachen zu packen und erhielten eine halbe Stunde Zeit, um den Firmensitz zu räumen.[76] Der Skandal weitete sich auf die Prüfungsgesellschaft Arthur Andersen aus, zu dieser Zeit eine weltweit führende Wirtschaftsprüfungsgesellschaft. Arthur Andersen wurde im Jahr 2002 wegen Behinderung der Justiz für schuldig befunden, weil er Dokumente im Zusammenhang mit der Enron-Prüfung vernichtet hatte.[77] Da die Börsenaufsicht keine Prüfungen von verurteilten Straftätern akzeptieren darf, musste Andersen die Prüfung öffentlicher Unternehmen einstellen.

Enron, so kam jetzt an die Öffentlichkeit, verwendete eine Vielzahl von irreführenden, ver-

---

76 Enron: The smartest guys in the room (DVD),
    Magnolia Pictures, 2006.
77 New York Times, 16.6.2002.

wirrenden und betrügerischen Buchhaltungs-
praktiken und -taktiken, um seinen Betrug bei
der Berichterstattung über die Finanzinforma-
tionen zu decken. Diese konnten nur von aus-
gewiesenen Experten mit viel Erfahrung
durchschaut werden. Es wurden Zweckgesellschaften gegründet, um wesentliche Verbind-
lichkeiten aus dem Jahresabschluss von Enron
zu maskieren. Diese Unternehmen ließen Enron profitabler erscheinen als es tatsächlich
war und schufen eine gefährliche Spirale, in
der die leitenden Angestellten jedes Quartal
mehr und mehr finanzielle Täuschungen
durchführen mussten, um die Illusion von Milliarden von Dollargewinnen zu erzeugen, während das Unternehmen tatsächlich Geld verlor.[78] Nur die engeren Führungskräfte und Insider von Enron wussten von den geheimen ausländischen Konten, die die Verluste für das
Unternehmen versteckten. In den Bilanzen
wurden die erwarteten künftigen Gewinne aus
einem Geschäft tabellarisch so dargestellt, als
ob sie derzeit schon real wären.[79] Um die Illu-

---

78 Forbes, 15.1.2002.
79 Kenneth E. Lanham Hendrickson: The encyclopedia
     of the industrial revolution in world history,

sion gewaltiger Gewinne und niedrigster Verluste aufrechtzuerhalten, ging Skilling selbst Wall Street-Analysten verbal an.

Mit der Insolvenz setzte der Ausverkauf des Unternehmens ein. Enron plante zunächst, seine drei inländischen Pipeline-Unternehmen sowie den größten Teil seiner Vermögenswerte in Übersee beizubehalten. Vor dem Konkurs verkaufte Enron noch ein inländisches Pipeline-Unternehmen für 2,45 Milliarden US-Dollar. EnronOnline wurde an den Schweizer Finanzgiganten UBS verkauft, wurde aber schon 2002 wegen mangelnder Profitabilität eingestellt.[80] 2002 erwarb Rob Roy von Switch Communications Enrons Werk in Nevada in einer Auktion, sie wurde für nur 930.000 US-Dollar verkauft. Nach dem Verkauf wurde Switch erweitert, um „das größte Rechenzentrum der Welt" zu steuern.[81] Als letzten Geschäftsteil verkaufte Enron Prisma Energy im Jahr 2006 an Ashmore Energy International

---

Lanham 2014.

80 Robert Kolb, James A. Overdahl: Financial derivatives: Pricing and risk management, Hoboken 2009, S. 239.

81 Wall Street Daily, 11.9.2013.

Ltd. Anfang 2007 wurde der Name des Unternehmens in Enron Creditors Recovery Corporation geändert. Das Ziel dieses Bestattungsunternehmens ist es, die verbleibenden Gläubiger des ehemaligen Unternehmens auszuzahlen und die Angelegenheiten von Enron endgültig zu beenden.

Kurz nach dem Konkurs verklagte der neue Verwaltungsrat von Enron elf Finanzinstitute, weil sie Lay, Fastow, Skilling und anderen geholfen hatten, die wahre finanzielle Situation von Enron zu verbergen. Unter den Angeklagten befanden sich die Royal Bank of Scotland, die Deutsche Bank und die Citigroup. 2008 hat sich Enron mit allen Institutionen auf einen Vergleich geeinigt. Enron konnte aufgrund dieses Rechtsstreits fast 7,2 Milliarden US-Dollar für die Ausschüttung an seine Gläubiger erhalten. Diese hatten zuvor eine Klage in Höhe von 40 Milliarden US-Dollar eingereicht.[82] Um die Gläubiger weiter zu bezahlen, führte Enron sogar Auktionen durch, um Vermögens-

---

82 New York Times, 10.5.2007.

werte wie Kunst, Fotos, Logo-Schilder und Pipelines zu verkaufen.[83]

Die frühere Enron-Führungskraft Paula Rieker wurde wegen kriminellen Insiderhandels angeklagt und zu zwei Jahren Bewährung verurteilt.[84] Sowohl Lay als auch Skilling wurden wegen Verschwörung, Betrugs und Insiderhandel verurteilt. Lay starb noch vor Haftantritt an einem Herzinfarkt, Skilling bekam über 24 Jahre Haft und eine Geldstrafe von 45 Millionen US-Dollar, die später jedoch erheblich reduziert wurde.[85] Der Finanzier Andrew Fastow wurde zu sechs Jahren Gefängnis verurteilt, und der CEO Lou Pai einigte sich außergerichtlich für 31,5 Millionen US-Dollar. Insgesamt bekannten sich 16 Personen für im Unternehmen begangene Verbrechen schuldig, und fünf weitere Personen, darunter vier ehemalige Mitarbeiter der Firma Merrill Lynch, wurden für schuldig befunden.

Infolge des Enron-Skandals wurden neue Vorschriften und Gesetze erlassen, um die Genauigkeit der Finanzberichterstattung für öffentli-

---

83 New York Times, 16.4.2003.
84 Washington Post, 6.10.2006.
85 New York Times, 21.6.2013.

che Unternehmen zu verbessern. Der Skandal stellte auch die Rechnungslegungspraktiken und -aktivitäten vieler Unternehmen in den USA in Frage und war ein Faktor für die Verabschiedung des Sarbanes-Oxley-Act von 2002. Dieser erhöhte die Strafen für die Vernichtung, Änderung oder Herstellung von Aufzeichnungen bei Ermittlungen des Bundes oder für den Versuch, Aktionäre zu betrügen. Das Gesetz erhöhte auch die Rechenschaftspflicht der Wirtschaftsprüfungsunternehmen, um unvoreingenommen und unabhängig von ihren Kunden zu bleiben.

Ein spätes Opfer der Dotcom-Blase: MCI WorldCom

Der kanadische Geschäftsmann Bernard Ebbers (1941-2020) und drei weitere Investoren gründeten 1983 die später (1995) MCI World-Com genannte Firma. 1985 wurde Ebbers zum Geschäftsführenden Direktor ernannt. Er pflegte ein unkonventionelles Image: Ebbers, genannt „Telecom Cowboy", trug oft Stiefel und Jeans anstelle der typischen Firmenuniform aus Anzug und Krawatte. Er lebte auf einem Bauernhof und fuhr gern einen Traktor. Auch gab er sich als bodenständigen, ehrlichen Christen aus: er war Mitglied der Easthaven Baptist Church in Brookhaven (Mississippi). Als prominentes Mitglied der Gemeinde besuchte er regelmäßig mit seiner Familie am Morgen den Gottesdienst und lehrte am Nachmittag in der Sonntagsschule. Seine Firmenversammlungen begann der Betrüger gerne mit einem Gebet. Als die Vorwürfe der Verschwörung und des Betrugs im Jahr 2002 zum ersten Mal ans Licht kamen, wandte sich Ebbers dramatisch an die Gemeinde und bestand auf seiner Unschuld: „Ich möchte nur, dass jeder weiß, dass hier niemand mit einem Gauner in die Kirche geht", sagte er, und fügte hinzu: „Niemand wird feststellen, dass ich Betrug begangen habe".[86] In die Geschichte ging er aber nicht als ehrlicher Christ ein, sondern als ein außergewöhnlich habgieriger, wenngleich auch recht unprofessioneller Betrüger, der schon nach wenigen Jahren aufflog. Im Jahr 2013 ernannten Portfolio.com und CNBC Ebbers zum

---

86 Lynne W. Jeter: Disconnected: Deceit and betrayal
    at WorldCom, Hoboken 2003.

fünftschlechtesten CEO in der amerikanischen Geschichte; 2009 ernannte ihn Time zum zehntkorruptesten CEO aller Zeiten.[87]

So wollte der Telecom-Cowboy in der Öffentlichkeit gesehen werden:
einfach, offen und sympathisch.

Ebbers Unternehmen erwarb nach und nach über 60 Telekommunikationsunternehmen und änderte 1995 seinen Namen in WorldCom.

---

87 http://content.time.com/time/specials/packages/completelist/0,29569,1903155,00.html. Auf den zehn ersten Plätzen hat es bislang kein einziger Deutscher geschafft, auch Frauen sind hier nicht gleichberechtigt vertreten.

Nach einer Fusion mit Companies Inc. ging man im Jahr 1989 an die Börse.[88] Zahlreiche weitere Übernahmen und mehrere Fusionen folgten, der Unternehmenswert wuchs, der Aktienkurs stieg. 1992 ließ das junge Unternehmen es richtig krachen: Worldcom übernahm die Advanced Telecommunications Corporation im Wert von 720 Millionen US-Dollar. Damit wurden die größeren Konkurrenten wie Sprint Corporation und AT&T überboten, und Worldcom wurde zum drittgrößten Player auf dem US-amerikanischen Telekommunikationsmarkt.[89] Die WorldCom geriet regelrecht in einen Kaufrausch, Firmen wie Metromedia Communication Corp., Resurgens Communications Group, IDB Communications Group, Williams Technology Group, MFS Communications Company, CompuServe, Intermedia Communications wurden aufgekauft – nur um die größten zu nennen. Es fehlte aber an Zeit und auch Erfahrung, so viele unterschiedliche Firmen aufzunehmen, die zum Teil andere Fir-

---

88 Satish C. Pandey, Pramod Verma: WorldCom Inc., in: Vikalpa: The Journal for Decision Makers, 29, 4, 2004, S. 113-126.

89 New York Times, 1.5.2002.

menphilosophien verfolgten und auch ganz unterschiedliche Kunden ansprachen.

Im November 1997 kündigten WorldCom und MCI Communications eine Fusion von 37 Milliarden US-Dollar zur MCI WorldCom an. Damit war es die bislang größte Unternehmensfusion in der Geschichte der USA. MCI hat sich dazu extra von seinem „InternetMCI"-Geschäft getrennt, um die Genehmigung des US- Justizministeriums zu erhalten.[90]

Zwischen September 2000 und April 2002 genehmigte der Verwaltungsrat von Worldcom mehrere Darlehen und Darlehensgarantien an CEO Bernard Ebbers, damit er seine Worldcom-Aktien nicht verkaufen musste, um Margin-Calls zu erfüllen, da der Aktienkurs während des Platzens der Dotcom-Blase stark sank. Im April 2002 hatte der Vorstand aber die Geduld mit dieser Darlehensvergabe verloren. Die Direktoren befürchteten auch, dass Ebbers nach dem Scheitern einer weiteren Fusion mit der Firma Sprint keine kohärente Strategie haben würde. Am 26. April stimmte der Vorstand für den Rücktritt von Ebbers. Eb-

---

90   US Department of Justice, 15.7.1998.

bers trat am 30. April 2002 offiziell als Direktor zurück, war aber weiter in dem Unternehmen beschäftigt und wurde durch John W. Sidgmore, dem ehemaliger CEO von UUNET, ersetzt. Möglicherweise fühlte Ebbers sich gedemütigt, jedenfalls begann nun seine kriminelle Karriere. Mitte 1999 begannen Ebbers, der Manager Scott Sullivan, der Aufseher David Myers und der Direktor der Buchhaltung Buford „Buddy" Yates mit betrügerischen Methoden. Der Betrug wurde hauptsächlich auf zwei Arten begangen:

-Buchung von „Leitungskosten" als Investitionen in der Bilanz anstelle von Ausgaben.

-falsche Buchhaltungseinträge aus nicht zugewiesenen Unternehmenseinnahmen.

Besonders geschickt ging man nicht vor, denn schon nach drei Jahren kamen Verdächtigungen und Gerüchte auf. Im Juni 2002 arbeitete ein kleines Team interner Prüfer bei WorldCom unter der Leitung von Vizepräsidentin Cynthia Cooper und Managerin Eugene Morse häufig nachts und heimlich zusammen, um zu untersuchen und aufzudecken, was letztendlich als betrügerische Einträge im Wert von 3,8

Milliarden US-Dollar eingestuft wurde.[91] Die Untersuchung wurde durch verdächtige Bilanzbuchungen ausgelöst, die bei einer routinemäßigen Investitionsprüfung festgestellt wurden. Cooper informierte im Juni 2002 den Prüfungsausschuss und den Verwaltungsrat des Unternehmens. Cooper hatte 28 gefälschte Einträge aus dem zweiten Quartal 2001 gefunden. Ohne diese Einträge wäre der Gewinn von WorldCom in Höhe von 130 Millionen US-Dollar im ersten Quartal 2002 zu einem Verlust von 395 Millionen US-Dollar geworden, was es vermutlich auch war.[92] Der Verwaltungsrat reagierte umgehend, zwang Myers zum Rücktritt und entließ Sullivan, als er sich weigerte, zurückzutreten. Cooper und ihr Team hatten den größten Buchhaltungsbetrug in der amerikanischen Geschichte aufgedeckt und den bei Enron weniger als ein Jahr zuvor aufgedeckten Betrug übertroffen. Zu diesem Zeitpunkt befassten sich bereits der US-Anwalt und die US-amerikanische Börsenaufsichtsbe-

---

91 Wall Street Journal, 30.10.2002.
92 Cynthia Cooper: Extraordinary circumstances: The journey of a corporate whistleblower, Hoboken 2009, S. 240-241.

hörde mit der Angelegenheit. Bis Ende 2003 wurde geschätzt, dass die Bilanzsumme des Unternehmens künstlich um etwa elf Milliarden US-Dollar angehoben war.[93]

Die Folge: die Unternehmensanleihen wurden zu Schrottanleihen, der Aktienkurs fiel in wenigen Wochen um 94 Prozent.[94] Am 21. Juli 2002 meldete WorldCom Insolvenz an, der damals größte Bankrott in der Geschichte der Vereinigten Staaten (die von der Insolvenz von Lehman Brothers im September 2008 überholt werden sollte).[95] Das Insolvenzverfahren von WorldCom wurde vor dem erfahrenen Insolvenzrichter Arthur Gonzalez durchgeführt. Im Rahmen der Insolvenzreorganisationsvereinbarung zahlte das Unternehmen der amerikanischen Börsenaufsichtsbehörde 750 Millionen US-Dollar in bar und mit Aktien des neuen MCI, die an geschädigte Anleger ausgegeben werden sollten.[96] Gleichzeitig

---

93 Kurt Eichenwald: Conspiracy of fools, New York 2005.
94 New York Times, 26.6.2002.
95 Lynne W. Jeter: Disconnected: Deceit and betrayal at WorldCom, Hoboken 2003.
96 New York Times, 8.7.2003.

mussten aber 17.000 Mitarbeiter entlassen werden. Mit Wirkung zum 16. Dezember 2002 wurde Michael Capellas neuer Vorsitzender und Geschäftsführer. WorldCom erklärte sich bereit, der US-amerikanischen Börsenaufsichtsbehörde eine weitere Zivilstrafe in Höhe von 2,25 Milliarden US-Dollar zu zahlen. Der Deal wurde im Juli 2003 vom Bundesrichter Jed Rakoff genehmigt.[97] Im Zuge weiterer Vereinbarungen übernahm die Börsenaufsichtsbehörde im Wesentlichen die Kontrolle über WorldCom, in diesem Falle zum Schutz der Aktionäre vor weiteren Betrügereien.

Das neue Unternehmen ging 2004 aus der Insolvenz mit Schulden in Höhe von 5,7 Milliarden US-Dollar und Bargeld in Höhe von 6 Milliarden US-Dollar hervor. Kurz darauf, 2005, ging es in dem Unternehmen Verizon auf. Etwa die Hälfte des Bargeldes war für verschiedene Ansprüche und Abrechnungen bestimmt. Frühere Anleihegläubiger erhielten 35,7 Cent pro Dollar in Anleihen und Aktien

---

97 Pressemitteilung der US-amerikanischen Börsenaufsichtsbehörde, 7.7.2003.

des neuen MCI-Unternehmens. Die Aktien der bisherigen Aktionäre wurden annulliert.[98] Viele weitere Gläubiger, die bereits zwei Jahre auf einen Teil des geschuldeten Geldes gewartet hatten, mussten noch bezahlt werden. Zu den kleinen Gläubigern gehörten ehemalige Mitarbeiter, vor allem diejenigen, die im Juni 2002 entlassen wurden und deren Abfindung und Leistungen bei der Insolvenz von WorldCom einbehalten wurden.

Am 15. März 2005 wurde Bernard Ebbers für schuldig befunden und wegen Betrug, Verschwörung und Einreichung falscher Dokumente bei den Aufsichtsbehörden verurteilt – alles im Zusammenhang mit dem 11-Milliarden-Dollar-Buchhaltungsskandal. Andere ehemalige WorldCom-Mitarbeiter, die im Zusammenhang mit den finanziellen Falschangaben des Unternehmens angeklagt wurden, waren der ehemalige Finanzvorstand Scott Sullivan (der am 2. März 2004 ein Schuldbekenntnis abgegeben hatte), der ehemalige Kontrolleur David Myers (bekannte sich schuldig wegen Wertpapierbetrugs, Verschwörung zur Bege-

---

98 New York Times, 21.4.2004.

hung von Wertpapierbetrug und falscher Aussagen am 27. September 2002), der frühere Rechnungsführer Buford Yates (der sich am 7. Oktober 2002 wegen Verschwörung und Betrugs schuldig bekannt hat) und die ehemaligen Rechnungsführer Betty Vinson und Troy Normand (beide haben sich am 10. Oktober 2002 wegen Verschwörung und Wertpapierbetrug schuldig bekannt). Durch diese „Schuldbekenntnisse" wurde ihnen ein Teil oder gar die ganze Strafe erlassen.

Nicht jedoch im Fall des Hauptangeklagten Bernard Ebbers. Am 27. August 2003 reichte der Generalstaatsanwalt von Oklahoma, Drew Edmondson, eine 15-Punkte-Anklage gegen Ebbers ein. In der Anklageschrift wurde erläutert, dass er zwischen Januar 2001 und März 2002 mehrfach gegen das Wertpapiergesetz verstoßen habe, indem er Investoren betrogen habe. Am 2. März 2004 wurde Ebbers auch von den Bundesbehörden wegen Sicherheitsbetrugs und Verschwörung angeklagt. Am 25. Mai 2004 erhöhte die Bundesanwaltschaft die Liste der Anklagepunkte auf neun Straftaten, und am 15. März 2005 wurde Ebbers in *allen* Anklagepunkten für schuldig befunden. Damit war die Sache jedoch noch nicht ausgestanden, denn es kam auch zu mehren Zivilklagen: Am 11. Oktober 2002 brachten mehrere geschädigte WorldCom-Investoren eine Sammelklage gegen Ebbers und andere Täter ein. Die Parteien waren sich einig, dass Ebbers und seine Mitangeklagten über 6,13 Milliarden US-Dollar zuzüglich Zinsen an über 830.000 Einzelpersonen und Institutionen, die zum Zeitpunkt des Zusammenbruchs Aktien und Anleihen an WorldCom gehalten hatten, ausschütten müssten. Ebbers erklärte sich bereit, fast sein gesamtes Vermögen einzubringen, einschließlich eines Hauses in Mississippi, und seine Beteiligung an einer Holzfirma, einem Yachthafen, einem Golfplatz, einem Hotel und Tausenden Hektar Grundbesitzes aufzugeben. Nach der Einigung blieb Ebbers ein Vermögen von schätzungsweise 50.000 US-Dollar übrig. Durch diesen Vergleich konnte Ebbers alle Zivilklagen abwenden.[99] Da ohnehin keine Aussicht bestand, das Gefängnis lebend wieder zu verlassen, war der

---

99   Associated Press, 31.3.2005.

Verlust seines Vermögens laut Ebbers nicht sonderlich relevant.

Am 13. Juli 2005 wurde er auf 25 Jahre Haft verurteilt. Zum Zeitpunkt der Verurteilung war Ebbers 63 Jahre alt. Ebbers durfte noch ein weiteres Jahr frei bleiben, während seine Berufung geprüft wurde. Am 26. September 2006 trat Ebbers in einem Gefängnis in Oakdale (Louisiana) seine Haft an. Er wurde Ende 2019 aus gesundheitlichen Gründen freigelassen und starb im Februar 2020, nachdem er 13 Jahre seiner Haftstrafe verbüßt hatte.

Comroads fahrt nach unten

Wer kennt ihn noch, den „Neuen Markt"? Ausgerechnet Deutschland hat hier den größten Skandal vorzuweisen: Comroad war vielleicht das bekannteste Unternehmen des Neuen Marktes und entwickelte – nach eigenen Angaben – Navigationssysteme für Kraftfahrzeuge. Die Technologie war damals jedoch noch nicht so weit, so dass der Unternehmensgründer und Vorstandsvorsitzende Bodo Schnabel Erfindungen und Geschäfte vortäuschte, bis auch dieser Betrug, wie so oft, keineswegs durch staatliche Aufsichtsbehörden, sondern durch den Journalismus aufgedeckt wurde.

Bodo Schnabel hatte die Comroad AG (Eigenschreibweise ComROAD AG) 1995 in Unterschleißheim selbst gegründet. Innerhalb des Neuen Marktes zählte es zu den führenden und begehrten Unternehmen, denen man eine goldene Zukunft voraussagte.[100]

Die Kursgewinne des börsennotierten Unternehmens führten dazu, dass es mit über einer Milliarde Euro massiv überbewertet war, obwohl sich die Konjunktur in einer Rezession befand. Gleichzeitig wurden 17 Umsatzsteigerungen in Folge verkündet. Anfang 2002 wurde dann durch Recherchen der Journalistin Renate Daum[101] öffentlich, dass das Unternehmen seit 1998 in großem Stil Scheingeschäfte tätigte und rund 95 Prozent der Umsätze frei erfunden waren. Dabei wurden angebliche Lieferun-

---

100   Shara Pourmir: Der Bilanzskandal bei Comroad: Darstellung, Reaktionen und Analyse, München 2008.

101   Daum hat ihre Erfahrungen später in einem Buch niedergelegt: Renate Daum: Außer Kontrolle: wie ComRoad & Co. Deutschlands Finanzsystem austricksen, München 2003.

gen von Soft- und Hardware durch VT Electronics Ltd., eine Scheinfirma aus Hongkong, getätigt. Die internationale Wirtschaftsprüfungsgesellschaft KPMG legte daraufhin ihr Mandat nieder. Die Comroad-Aktie musste vom Handel ausgesetzt werden. In wenigen Stunden war der Aktienkurs um 27 Prozent auf 2,95 Euro abgestürzt und lag schließlich am 27. September 2000 bei 6 Cent. Auch sanken die Barmittel erheblich, die Beteiligungen und Partnerverträge konnten zum großen Teil nicht gehalten werden. Da der Name Comroad inzwischen seinen guten Ruf verloren hatte, firmierte die Aktiengesellschaft am 10. Juli 2006 um zur Tracom Holding AG. Die Aktien wurden von 2002 bis 2008 lediglich an der Hamburger Börse gehandelt, da der Comroad AG am 20. September 2002 die Zulassung zum geregelten Markt der Frankfurter Börse entzogen worden war.[102]

Im April 2002 wurde der Vorstandsvorsitzende Bodo Schnabel in Untersuchungshaft genommen. Im November 2002 wurde Bodo Schnabel vom Landgericht München I wegen Kurs-

---

102   FAZ, 3.8.2001.

betrug, Insiderhandel und gewerbsmäßigen Betrug zu sieben Jahren Haft verurteilt. Auch seine damalige Ehefrau Ingrid Schnabel wurde wegen Beihilfe zu einer zweijährigen Bewährungsstrafe verurteilt. Im Februar 2005 wurde zwischen dem Freistaat Bayern, der Comroad AG und Bodo Schnabel eine Vergleichsvereinbarung geschlossen, um die noch ausstehenden Fragen umfassend und endgültig zu klären. Aus diesem Grund hat das Landgericht am 14. Dezember 2006 die Klagen von 18 Anlegern abgewiesen, eine Berufungsklage wurde ebenfalls abgewiesen und ein Urteil des Landgerichts München, das Schnabel zu Schadenersatz verurteilte, wurde aufgehoben. Schnabel wurde aber 2007 vom fünften Zivilsenat des Landgerichts Frankfurt am Main zu einer Zahlung von 750.000 Euro an geschädigte Anleger verurteilt.[103] Bodo Schnabel gelang ein Neustart; er wurde Geschäftsführer von Nanomatic, einem Unternehmen in Hongkong, das ähnliche Produkte wie einst Comroad anbietet, etwa eine App für das Smartphone, mit der

---

103   International Business Time, 15.1.2007.

sich Kinder, Haustiere oder Hausboote orten lassen.[104]

Die Philipp Holzmann-Aktiengesellschaft

Die Philipp Holzmann AG mit Sitz in Frankfurt am Main (ab 1856) und ihre in- und ausländischen Beteiligungsunternehmen waren in der Planung, Entwicklung, Ausführung sowie im Betrieb von Bauwerken und technischen Anlagen aller Art tätig. Der Baukonzern hat eine lange Vorgeschichte, die in die Mitte des 19. Jahrhunderts zurückreicht, als ein Johann Philipp Holzmann das Unternehmen gründete und erfolgreich führte. Eisenbahnbau, Brückenbau und Kanalisierung waren die Geschäftsfelder, ab 1903 betrieb man den Bau der Bagdadbahn. Zu diesem Zeitpunkt war man im Deutschen Reich das größte Bauunternehmen.[105] 1917 folgte die Umwandlung in eine Aktiengesellschaft, wobei man bewusst eine Organisationsform wählte, mit der man auf die

---

104 Wirtschaftswoche, 18.6.2015.
105 Hans Meyer-Heinrich (Hrsg.): Philipp Holzmann Aktiengesellschaft. Im Wandel von hundert Jahren 1849-1949, Frankfurt am Main 1949.

sich für die Zeit nach Kriegsende ab-
zeichnenden Turbulenzen besser reagieren
wollte. Damit war vor allem der kommunale
Wohnungsbau gemeint, an dem sich die neue
Aktiengesellschaft in den 1920er Jahren beteiligte. Da nun viele Direktoren des Unternehmens wie auch der Enkel des Gründers in die
NSDAP eintraten, setzte sich die Erfolgsgeschichte der Philipp Holzmann-Aktiengesell-
schaft in den 1930er Jahren ungebrochen fort.
Ob nun das Jagdhaus Karinhall, das neue
Reichsbankgebäude, die Neue Reichskanzlei
in Berlin, die Kongresshalle in Nürnberg, die
KdF-Anlage Prora oder zahlreiche Autobahn-
projekte: die Philipp Holzmann AG war mit
dabei. Nach 1945 waren die ersten Jahre
schwierig: fast alle Firmensitze waren kriegs-
zerstört, die Firma beteiligte sich zunächst an
der Aufbereitung und Verwertung von Trüm-
merschutt. Zunächst setzte man seinen
Schwerpunkt auf den Aufbau in Frankfurt am
Main, dann Hessen, Norddeutschland und
schließlich der ganzen BRD. Es gelang, wieder
zum führenden Bauunternehmen Deutschlands
zu werden: 1994 etwa erwirtschaftete der inzwischen weltweit operierende Konzern mit

knapp 43.000 Mitarbeitern eine Bauleistung von rund 13,1 Milliarden D-Mark.[106] Gleichzeitig war das Management mit dem andauernden Zukauf weiterer Firmen wenig erfolgreich, hinzu kam eine Krise des Baugewerbes. Als Lothar Mayer, seit 1992 Vorstandsvorsitzender, Ende 1997 abgelöst wurde, wurden auf einmal Schulden in Höhe von 3,2 Milliarden D-Mark bekannt. Kurz darauf, im November 1999, gab der neue Vorstandsvorsitzende Heinrich Binder eine Überschuldung „aus bisher unentdeckten Altlasten" in Höhe von etwa drei Milliarden D-Mark bekannt. Im gleichen Monat waren die Verhandlungen mit den Frankfurter Banken gescheitert, was zur Folge hatte, dass Insolvenz beantragt werden musste. Als Grund der Probleme galten verlustträchtige Großprojekte und vor allem Managementfehler: So kam es zu gerichtlich geltend gemachten Schadensersatzforderungen und Pensionsverzichte gegen die ehemaligen Vorstandsmitglieder Lothar Mayer, Lothar G. Freitag, Gerhard Lögters, Dieter Rappert, Jürgen Schönwasser und Michael Westphal. Auch

---

106   Der Spiegel, 23, 1995.

Bilanzen wurden über einen längeren Zeitraum hinweg geschönt.[107] Binder trat im Dezember 1999 zurück, Konrad Hinrichs wurde sein Nachfolger. Obwohl das Unternehmen seine Unfähigkeit hinlänglich bewiesen hatte, kam es zu einer beispiellosen Rettungsaktion nach dem Motto: Gewinne werden privatisiert, Verluste vergemeinschaftet. Demgemäß wurde nach einer Initiative des damaligen Bundeskanzlers Gerhard Schröder ein „Rettungspaket" verkündet, mit Übergangskrediten von fast zwanzig verschiedenen Banken in Höhe einer Milliarde D-Mark und einer Bürgschaft des Bundes von 250 Millionen D-Mark. Das damalige Sanierungspaket umfasste insgesamt 4,3 Milliarden D-Mark und bestand zusätzlich aus der Einräumung einer Kreditlinie, der Beteiligung an einer Kapitalerhöhung und dem Tausch von Forderungen in Wandelgenussrechte.[108] Die Arbeitsplätze des Unternehmens gingen fast um ein Drittel zurück, gleichzeitig benötigte das Unternehmen immer weitere Kredite. Die Sanierung der Philipp Holzmann

---

107 Der Spiegel, 19, 2001.
108 Der Spiegel, 33, 2000, S. 83.

AG scheiterte mit Insolvenz am 21. März 2002 endgültig, da Gläubigerbanken keine weiteren Kredite geben wollten. Nun gab es auch kein neues Rettungspaket vom Bundeskanzler, was zeigt, dass schon das erste Rettungspaket wenig gebracht hatte, da sich am Verhalten der Manager kaum etwas änderte. Nun mussten die erfolgreichen Firmenteile in Österreich, USA, China, Saudi-Arabien und Malaysia verkauft werden, wodurch immerhin 7.000 der einstigen fast 30.000 Arbeitsplätze gerettet wurden.[109] Nach Eröffnung des Insolvenzverfahrens der Aktiengesellschaft wurde die aktive Börsentätigkeit eingestellt, die stets luxuriösen Niederlassungen in Frankfurt, Berlin, Düsseldorf, Hamburg, Hannover, Stuttgart und München aufgegeben. Die operative Tätigkeit setzte eine neu gegründete Gesellschaft mit beschränkter Haftung fort. Die Philipp Holzmann AG besteht derzeit (2020) nur noch als Mantelgesellschaft weiter. Trotz der Insolvenz im Jahre 2002 sind Aktien u. a. noch in Frankfurt, Düsseldorf und Stuttgart börsennotiert (WKN: 608200), freilich im Pennystock-Be-

---

109 Wirtschaftswoche, 20.3.2003, S. 68-70.

reich. So lag der Kurs der Aktie „Philipp Holzmann i.L." am 13.11.2020 bei 0,0075 Euro –
einst hatte er (umgerechnet) über 300 Euro be-
tragen.

Philipp Holzmann Stammaktie von 1933, als die Firma
Dank ihrer Beziehungen zum NS-Regime aufblühte. Ein
halbes Jahrhundert später war die Aktie zum wertlosen
Pennystock verkommen.

Die Milch macht's doch nicht: Parmalat

Man sollte denken, dass es im politisch insta-
bilen Italien die meisten Insolvenzen, Betrügereien oder Wirtschaftsskandale gäbe – ent-

weder ist diese Annahme tatsächlich falsch, oder in Italien gelangen Wirtschaftsskandale nicht an die Öffentlichkeit. Die einzige Ausnahme eines Skandals, der Aufnahme in die Riege der internationalen Großskandale für würdig befunden ist, betrifft das Unternehmen Parmalat. Parmalat ist eine italienische Aktiengesellschaft, die sich mit etwa 60 Produktionsstätten vornehmlich auf Molkereiprodukte spezialisiert hat. Aufgrund seiner Größe war das Unternehmen an der Börse von Mailand im Index FTSE Italien Mid Cap. gelistet. Gegründet wurde Parmalat von Calisto Tanzi (geb. 1938), der 1961 eine kleine Molkerei in der Nähe von Parma eröffnete. Tanzi war sicher ein kundiger Molkereimeister, wohl auch fähiger Geschäftsmann, aber katastrophaler Manager eines Großkonzerns.

In den siebziger Jahren konnte Parmalat aufgrund der starken Nachfrage nach lange haltbarer Milch seinen Marktanteil permanent steigern. Dazu hatte man ein spezielles Verfahren entdeckt, mit dem man Milch über eine Woche frisch halten konnte. Dem Finanzier Giuseppe Gennari gelang es, das Molkereiunternehmen an die Börse zu bringen, obwohl das Unternehmen schon damals verschuldet war. Gleichzeitig wurde begonnen, zahlreiche andere Unternehmen in Europa, Lateinamerika und Afrika zu erwerben. Darunter waren nicht allein Lebensmittelproduzenten, sondern Unterschiedliches wie Feriendörfer, Reiseveranstalter, das Fernsehnetz Odeon TV oder sogar eine ganze Fußballmannschaft.

Überwältigt vom eigenen Erfolg: Calisto Tanzi.

Protegiert wurde das Unternehmen von christdemokratischen Politikern wie Ciriaco De Mita, dem Präsidenten des Ministerrates der Italienischen Republik und Europaabgeordneten, sowie einem Kreis von weiteren „Freunden".[110] Durch seine Beziehungen in die Politik und wegen seiner andauernden Finanznot sah sich Tanzi gezwungen, völlig überschuldete Unternehmen in die Parmalat-Holding zu integrieren, wie etwa der wenig produktive Zusammenschluss der milchverarbeitenden Unternehmen namens „Eurolat" oder das hochverschuldete sizilianische Mineralwasserunternehmen Ciappazzi.[111] Wohl schon seit den 1990er Jahren wurden bei Parmalat die Bilanzen manipuliert und Gelder zu Gunsten anderer „befreundeter" Unternehmen des Gründers veruntreut.[112]

Die wirtschaftliche Schieflage riss das Unternehmen mit sich nach unten, bis man Ende 2003 Schulden von 14,3 Milliarden Euro begleichen hätte müssen.[113] Am 15. Dezember 2003 trat der Verwaltungsrat zurück, darunter Tanzi, Fausto Tonna und Franco Gorreri. Einige Tage später erklärte die Bank of America,

---

110   Luciano Nigro, Luciano Sita: Latte soldi e politica, Bologna 2017.
111   Il Sole 24 Ore, 16.1.2004.
112   Untreue bei Parmalat, in: ntv, 29.12.2003.
113   Gabriele Franzini: Il crac Parmalat. Storia del crollo dell'impero del latte, Roma 2004.

dass fast vier Milliarden Euro auf einem Konto der Tochterfirma Bonlat, die angeblich das Hauptvermögen von Parmalat darstellen würden, nicht oder nicht mehr existieren würden. Dokumente, die das Vermögen vortäuschten, waren gefälscht.[114] Tanzi wurde daraufhin inhaftiert, ihm wurde Bildung einer kriminellen Vereinigung, Marktmanipulation, Bilanzfälschung und betrügerischer Bankrott vorgeworfen. Gegen über zwanzig weitere Manager und Buchprüfer wurde ermittelt, 29 wurden schließlich angeklagt. Zu den angeklagten juristischen Personen gehörten die Bank of America sowie die Wirtschaftsprüfungsgesellschaften Grant Thornton (ehemals Italaudit) und Deloitte & Touche. Nach mehreren Prozessen wurden von den 29 Angeklagten nach Vergleich und Anwendung neu erlassener Gesetze, die meisten zu einer Strafe von wenigen Monaten verurteilt. Allein Tonna wurde zu einer Freiheitsstrafe von 9 Jahren, Tanzi zu einer Freiheitsstrafe von 17 Jahren verurteilt (9. Dezember 2010). Solche Strafen stehen nicht nur in Italien allein auf dem Papier; selbstverständ-

---

114   La Repubblica, 21.12.2003.

lich wurde Tanzi nach knapp zwei Jahren die Strafe in einen Hausarrest umgewandelt.[115]

Das Molkereiunternehmen ging 2003 aufgrund von Zahlungsunfähigkeit in die Insolvenz, die ohnehin praktisch wertlosen Parmalat-Aktien wurden nach einer Entscheidung der Mailänder Börse vom Handel ausgesetzt. Investoren, die in Aktien investiert hatten, verloren ihr gesamtes Kapital. Investoren, die in Anleihen des Unternehmens investiert hatten, wurden nach Jahren teilweise entschädigt.

Zum Zeitpunkt der Insolvenz war Parmalat mit weltweit 35.000 Beschäftigen die achtgrößte italienische Industriegruppe. Durch einen staatlichen Sondererlass für Großunternehmen in außerordentlichen Schwierigkeiten wurde Parmalat von Dezember 2003 bis Oktober 2005 unter Kommissar Enrico Bondi (geb. 1934) restrukturiert und konnte am Leben gehalten werden. Um die Schulden zu begleichen, mussten aber große Teile der Parmalat-Holding verkauft werden und Mitarbeiter entlassen werden. Der italienische Staat unterstützte den Neustart mit einem Darlehen von

---

115   Il fatto quotidiano, 7.3.2013.

150 Millionen Euro.[116] Damit war Bondi letztlich erfolgreich; das Unternehmen erwirtschaftete schon im Jahr 2010 wieder einen Gewinn von 138,50 Millionen und hat heute annähernd wieder seine alte Zahl der Beschäftigten.

Zum Synonym für Skandale aller Art:
Die Implosion der Bank Lehman Brothers
Die Bank Lehman Brothers war eine durchaus altehrwürdige Bank, die bis in das Jahr 1847 zurückreicht. Kurz vor dem Konkurs war Lehman hinter Goldman Sachs, Morgan Stanley und Merrill Lynch die viertgrößte Investmentbank in den Vereinigten Staaten mit rund 25.000 Mitarbeitern weltweit. Nach 158 Jahren kam jedoch das dicke Ende. Es wird angenommen, dass der Konkurs eine wichtige Rolle bei der Auslösung der Finanzkrise von 2007 bis 2008 gespielt hat. Falls dies der Fall sein sollte, stützt der Markteinbruch die Wirtschaftsthese „Too big to fail".[117]

---

116   La Repubblica, 22.1.2004.
117   Mark Williams: Uncontrolled risk. The lessons of Lehman Brothers and how systemic risk can still bring down the world financial system, New York

Es war ein langer Weg, bis das kleine Unternehmen jüdischer Einwanderer aus der Gegend von Würzburg too big wurde. Viele Jahre machte man Geschäfte im Sklaven- und Baumwollhandel. Nach dem Sezessionskrieg verlegte man den Firmensitz aus den Südstaaten nach New York, betätigte sich im aufstrebenden Markt für Eisenbahnanleihen und stieg in das Finanzberatungsgeschäft ein – dem eigentlichen Geschäftsfeld des Unternehmens. Zahlreiche, zum Teil noch heute große US-amerikanische Unternehmen, wurden von Lehman an die Börse gebracht und 1994 ging man selbst als Lehman Brothers Holdings Inc. an die Börse.[118] Nichts schien auf den totalen Zusammenbruch hinzuweisen, 2008 hatte das Unternehmen Monate vor dem Konkurs ein Vermögen von 639 Milliarden US-Dollar.[119] Selbst der Terroranschlag vom 11. September 2001 konnte das Unternehmen nicht ernsthaft gefährden, obwohl der weltweite Hauptsitz im World Trade Center vernichtet wurde und

2010, S. 178.

118   Charles R. Geisst: The last partnerships, New York 1997, S. 79.

119   Reuters, 15.9.2008.

6.500 Mitarbeiter neue Büros finden mussten, zumeist in New Jersey.[120] Zu dieser Zeit baute man das Hypothekengeschäft massiv aus, und Fehlkalkulationen sowie Managementfehler in diesem Geschäftsfeld brachten das Ende.

Bis 2003 vergab Lehman Kredite in Höhe von 18 Milliarden US-Dollar und belegte bei der Kreditvergabe den dritten Platz. Bis 2004 lag diese Zahl schon bei über 40 Milliarden US-Dollar. Bis 2006 verlieh man monatlich fast 50 Milliarden US-Dollar![121] Lehman hatte sich also in einen als Investmentbank getarnten Immobilien-Hedgefonds verwandelt, unterlag aber als Bank ganz anderen Regularien. Investmentbanken wie Lehman unterlagen damals nicht den gleichen Vorschriften wie Depotbanken, welche in ihrer Risikobereitschaft eingeschränkt sind.[122] Lehman hat in den Jahren vor seiner Insolvenz im Jahr 2008 erhebliche Kredite aufgenommen, um seine

---

120   New York Times, 1.3.2002.
121   Mark Williams: Uncontrolled risk. The lessons of Lehman Brothers and how systemic risk can still bring down the world financial system, New York 2010, S. 129.
122   New York Times, 2.10.2008.

Investitionen zu finanzieren. Dieser komplizierte Prozess wird als Leveraging oder
Gearing bezeichnet. Ein erheblicher Teil dieser
Investitionen entfiel auf wohnungsbezogene
Vermögenswerte, was dem Unternehmen ei-
nerseits sagenhafte Gewinne bescherte, es an-
dererseits aber auch anfällig für einen Ab-
schwung auf diesem Markt machte.

Die riskanten Finanzierungen brachten mit
sich, dass lediglich ein Wertverlust von 3 bis 4
Prozent des Vermögens den Buchwert des Ei-
genkapitals vollständig eliminieren würde –
was nun tatsächlich eintraf. Im Jahr 2008
musste Lehman aufgrund der anhaltenden
Subprime-Hypothekenkrise beispiellose Verluste hinnehmen, vor allem bei hypothekenge-
sicherten Wertpapieren mit niedrigerem Ra-
ting. Die Investmentabteilung schrieb im Zuge
der Immobilienkrise 3,3 Milliarden US-Dollar
ab und musste im April und im Juni 2008 Kapitalerhöhungen in Milliardenhöhe vollziehen.
Im Gegensatz zu ähnlichen Fällen der Banken
Bear Stearns, Fannie Mae und Freddie Mac
war die US-Bundesregierung, auch aufgrund
des zunehmenden politischen Drucks, nicht
mehr gewillt, großzügige Rettungsmaßnahmen

zu vollziehen. Zunächst versuchte Lehman durch das Angebot neuer Aktien zusätzliches Kapital in Höhe von 6 Milliarden SD-Dollar aufzunehmen.[123] Als dies zu keiner Entlastung führte, gab Lehman bekannt, 1.500 Mitarbeiter im September zu entlassen. Geplant war auch, die Dividende auf 0,05 Cent pro Aktie zu kürzen, wozu es jedoch durch die sich überstürzenden Ereignisse nicht mehr kam.

Allein im ersten Halbjahr 2008 verlor die Lehman-Aktie 73 Prozent ihres Wertes. Schon überlegte eine südkoreanische Bank, Lehman aufzukaufen, doch selbst dieser Rettungsversuch schlug fehl, ebenso Übernahmeversuche der Bank of America und von Barclays. Die Lehman-Aktie sank auf weit unter zehn Dollar und näherte sich dem Pennystock-Niveau. Im September riss diese Krise den gesamten Dow Jones nach unten, da die US-Behörden weiterhin keine Versuche unternahmen, das Unternehmen zu retten. An einer möglichen Rettung scheiden sich die Geister: tritt staatliche Rettung ein, beklagt man, dass marode Privatunternehmen mit öffentlichen Geldern gestützt

---

123   New York Times, 29.8.2008.

werden. Bleibt die Rettung aus, nimmt man eine Wirtschaftskrise in Kauf, die die notwendigen Kosten einer Rettung bei weitem übertreffen kann.

Am 12. September trat Timothy F. Geithner, damals Präsident der Federal Reserve Bank von New York, mit führenden Bankern und Finanziers zusammen, ohne ein nennenswertes Ergebnis zu erzielen. Am Sonntag, dem 14. September kulminierte die Krise: viele Mitarbeiter kamen im Hauptquartier an, um ihre Büros zu räumen. Die Bilder von flüchtenden Bankern mit Kisten voller Akten gingen um die Welt. Am Sonntagnachmittag forderte die Regierung das Unternehmen auf, Insolvenz anzumelden, bevor die Märkte am Montag geöffnet wurden. Dies trat dann am Montag tatsächlich ein, und der Insolvenzantrag ist nach wie vor der größte in der Geschichte der USA. Auch wurde geschätzt, dass die Schäden dieser plötzlichen und unkontrollierten Insolvenz 50 bis 75 Milliarden US-Dollar betrugen.[124] Barclay konnte nun doch das Investmentbanking-Geschäft übernehmen, dazu mehrere Immobi-

---

124   Der Spiegel, Nr. 11, 2009, S. 40-52.

lien und zwei Rechenzentren in New Jersey, zu weitaus günstigeren Konditionen als noch vor der Insolvenz. Die Nomura Holdings Inc. übernahm das Franchise-Geschäft von Lehman im asiatisch-pazifischen Raum einschließlich Japan, Hongkong und Australien.

Meldungen wie diese der Times riefen Erinnerungen wach an den Börsencrash im Oktober 1929.

Wegen enger internationaler Zusammenhänge war die Lehman-Krise die erste wirklich globale moderne Finanzkrise.[125] Der Ausfall von Lehman Brothers war ein Ereignis mit geringer Wahrscheinlichkeit, das den Weltmarkt

125   Lawrence G. McDonald, Patrick Robinson: A colossal failure of common sense. The inside story of the collapse of Lehman Brothers, New York 2009.

145

völlig unerwartet traf. Die Krise führte zu einem Rückgang der Preise von Gewerbeimmobilien; auch Pensionsfonds, die in Lehman investiert waren, litten erheblichen Schaden. Nahezu hundert Hedgefonds, die Lehman als Prime Broker genutzt hatten und sich bei der Finanzierung weitgehend auf das Unternehmen verließen, mussten sich nach Alternativen umsehen. Diese und andere Umstände führten zu einem Rückgang der auf dem Wertpapierleihmarkt ausstehenden Sicherheiten um 737 Milliarden Dollar.[126] Die Aktienkurse brachen weltweit ein, vornehmlich von Banken wie Goldman Sachs und Morgan Stanley, aber auch von Unternehmen, die mit Lehman in gar keinem Zusammenhang standen. So hatten beispielsweise Banken und Versicherer in Japan Verluste in Höhe von 249 Milliarden Yen (2,4 Milliarden US-Dollar), die mit dem Lehman-Schock verbunden waren. Es waren jedoch nicht nur Großinvestoren und Spekulanten betroffen, sondern auch Kleinanleger. Der Fall von Lehman hatte starke Auswirkungen

---

126   Manmohan Singh, James Aitken: Deleveraging after Lehman-Evidence from reduced rehypothecation, IMF Working Paper no.9/42, 7, 2009.

auf kleine Privatinvestoren, die in sicher ein-
gestufte Anleihen und strukturierte Produkte,
vor allem sogenannte Minibonds und Zertifi-
kate, ihr kleines Vermögen als sicher geglaubte
Rente angelegt hatten. Tausende Rentner,
Selbstständige und Familien, vor allem in Kanada und in den USA, verloren teilweise oder
ganz ihre Alterssicherung,

Die Anaconda kann nicht genug kriegen: Arcandor

2007 wurde die Kaufhaus- und Versandkette
„KarstadtQuelle-Aktiengesellschaft" in „Ar-
candor-Aktiengesellschaft" überführt – der
neue Name sollte modern und innovativ klin-
gen, aber ansonsten war alles schlechter als bei
den alten Traditionsunternehmen. Das Motto
der Arcandor lautete in schlechtem Englisch
tatsächlich „Committed to creating value" –
„Verpflichtet, Werte zu schaffen". Es gelang
den Managern, das neu aufgestellte Unternehmen in nur zwei Jahren in den Ruin zu treiben.
Die Arcandor war ein Gemischtwarenladen
mit problematischen Produkten, die vor allem
durch den Onlinehandel unter Druck geraten

waren. Unter der Holding hatten sich neben Karstadt und Quelle auch Unternehmen wie der Reiseanbieter Thomas Cook oder die Versandhandelsmarke Primondo, die selbst wiederum als Holding aufgestellt war, zusammengefunden, nach dem Motto: Wenn viele Kranke sich zusammentun ergeben sie einen Gesunden. Die Vorgeschichte der einzelnen Unternehmensteile war ein permanentes Umschichten, Umstrukturieren, Hin- und Herschieben ohne klares Ziel – viele der Probleme können nicht allein dem Markt angelastet werden, sondern waren Fehlentscheidungen einer ganzen Reihe unfähiger Manager.[127]

Thomas Middelhoff (geb. 1953), der schon im alten KarstadtQuelle-Konglomerat als Vorsitzender des Aufsichtsrates tätig war, war der erste Vorstandsvorsitzende der neuen Arcandor AG. Der neue Name Arcandor gilt seitdem jedoch nur für die Konzern-Holding. Die Traditionsnamen Karstadt für die Warenhäuser, Quelle für den Versandhandel und Thomas Cook für das Reisegeschäft sollten erhalten bleiben – möglicherweise bereits einer der vie-

---

127　Hagen Seidel: Arcandors Absturz. Wie man einen Milliardenkonzern ruiniert, Frankfurt am Main 2010.

len Fehler von Anbeginn an. Das Kunstwort Arcandor gilt heute, nach der Insolvenz, als ein Beispiel für einen missglückten Versuch, einen neuen, schick (natürlich englisch angehaucht) klingenden Firmennamen einzuführen, weil der Name Arcandor auch mit der Würgeschlange Anakonda in Verbindung gebracht wird.[128]

Der Aufbau der Arcandor-Holding nach
eigenen Angaben.

Während des Weihnachtsgeschäfts 2008 kündigte der Kreditversicherer Euler-Hermes an, die Ausfallgarantien für Warensendungen an

128   FAZ, 26.10.2015.

Arcandor-Bestandteile wie Karstadt, Quelle und Peter Hahn wegen gestiegener Risiken zu beschränken.[129] Der Kurs der Aktie fiel, weil viele Anleger das Vertrauen in das Unternehmen verloren hatten. Im September 2008 führte Arcandor eine Kapitalerhöhung von zehn Prozent des Grundkapitals durch, die vollständig von der Privatbank Sal. Oppenheim gezeichnet wurde, dennoch ließ sich der Niedergang des Aktienkurses nicht aufhalten: Der Aktienkurs sank im Verlauf der Amtszeit Middelhoffs von ca. zehn Euro pro Aktie (Mai 2005) auf 1,30 Euro (Februar 2009). Im März 2009 veröffentlichte die Zeitschrift Manager-Magazin eine Studie, bei der tausend Fach- und Führungskräfte aufgefordert waren, die Arbeitgeber Deutschlands zu bewerten. Arcandor war dieser Studie zufolge am unteren Ende der Fahnenstange der unfairste Arbeitgeber in Deutschland.[130] Die Position Middelhoff wurde unhaltbar, er musste gehen. Bei seinem Abschied von Arcandor wollte er neben seinem Grundgehalt von 1,2 Millionen Euro (jährlich)

---

129   Handelsblatt, 15.9.2008.
130   Manager-Magazin, 20.3.2009.

noch 2,2 Millionen Euro, als „Bonus, Tantieme und Sondervergütung" deklariert, erhalten, obwohl der Konzern 2008 einen Verlust von 746 Millionen Euro verzeichnet hatte. Dies war später ein Hauptgrund gerichtlicher Auseinandersetzungen.[131]

Nach Übernahme des Vorstandsvorsitzes im März 2009 durch Karl-Gerhard Eick, bislang Finanzvorstand bei der Deutschen Telekom, sollte dieser den Niedergang aufhalten, wozu zunächst ein Sanierungsplan ausgearbeitet wurde. Man musste von Schulden in Höhe von 2,6 Milliarden Euro ausgehen, von denen im Juni 2009 650 Millionen Euro fällig waren. Vor allem die gestiegenen Mietpreise der großen Warenhäuser waren ein Mitgrund für die steigende Verschuldung, aber an erster Stelle die überhöhten Managergehälter und Boni trotz schlechtester Leistung. Um überhaupt die Liquidität zu halten, sollen jetzt auch bekannte Luxus-Kaufhäuser wie das KaDeWe in Berlin, das Alsterhaus in Hamburg und Oberpollinger in München verkauft werden.[132] Im Juni 2009

---

131 Der Spiegel, 22.6.2007.
132 Focus, 30.5.2009.

beantragte Arcandor eine Rettungsbeihilfe bei
der Europäischen Union, gleichzeitig stellte
das Unternehmen einen Antrag auf Staatshil-
fen in Höhe von 437 Millionen Euro bei der
deutschen Bundesregierung – mit aller Macht
wurde versucht, statt Einsparungen und Refor-
men anzugehen, lieber mit frischem Kapital
weiter misszuwirtschaften.[133] Der Staat hat mit
seinen Hilfen das marode Unternehmen noch
einige Monate künstlich am Leben gehalten,
aber die Insolvenz ließ sich auf diese Weise
nicht umgehen.

Am 9. Juni 2009 musste die Arcandor AG
beim Amtsgericht Essen die Eröffnung des Insolvenzverfahrens beantragen, welches dann
im September gleichen Jahres eröffnet wurde.
Zunächst wurde der erfahrene Insolvenzverwalter und Sanierungsexperte Horst Piepen-
burg beauftragt, der sich jedoch zurückzog, da
das Arcandor-Management nicht kooperierte.
Erst sein Nachfolger, der Insolvenzverwalter
Hans-Gerd Jauch konnte hart durchgreifen;
unter ihm wurde die Holding radikal zerschlagen. Im Rahmen der Insolvenz wurden die

---

133   Focus, 5.6.2009.

2009 noch von Arcandor gehaltenen Thomas-Cook-Aktien von den Gläubigerbanken, denen diese Aktien gegen Kredite verpfändet waren, im September 2009 an der Londoner Börse veräußert.[134] Der Karstadt-Firmenanteil wurde zum 1. Oktober 2010 von der Berggruen Holding übernommen. Für den maroden Quelle-Anteil konnte kein Käufer gefunden werden, so dass das einst prosperierende Versandunternehmen in Einzelteile zerlegt und veräußert wurde, obwohl zu dieser Zeit Amazon zeigte, wie man einen modernen Versandhandel führt. Am 12. Juni 2009 eröffnete die Staatsanwaltschaft Essen Ermittlungen wegen Untreue gegen den ehemaligen Vorstandsvorsitzenden Thomas Middelhoff im Zusammenhang mit den Immobiliengeschäften des Konzerns.[135] Middelhoff wurde 2014 wegen Untreue in 27 Fällen und Steuerhinterziehung in drei Fällen zu drei Jahren Haft verurteilt.[136] Hauptgründe waren vor allem ein umstrittener Bonus in Millionenhöhe, ein Oxford-Sponsoring von 840.000 Euro ohne Vorstandsbeschluss, die

---

134 Manager Magazin, 10.9.2009.
135 Hamburger Abendblatt, 13.6.2009.
136 Handelsblatt, 13.5.2016.

Arcandor in Rechnung gestellte Festschrift für seinen Mentor Mark Wössner und private Reisen, die aus Arcandor-Kassen beglichen wurden. Noch im Gerichtssaal wurde wegen Fluchtgefahr ein Haftbefehl erlassen und Middelhoff sofort in Untersuchungshaft genommen. Er trat seine Strafe im offenen Vollzug der Justizvollzugsanstalt Bielefeld-Senne an und wurde im November 2017 vorzeitig entlassen. Während der Haft verfasste Middelhoff die Autobiografie „A 115 – Der Sturz", in welcher die Arcandor-Geschehnisse aus seiner Perspektive geschildert sind.

Hoax bei Mt.Gox

Der Bitcoin als Kapitalanlage oder als digitales Zahlungsmittel ist jung, aber dennoch steht er schon mit einem schweren Wirtschaftsskandal in Verbindung, an dem das Unternehmen Mt.Gox aus Japan maßgeblich Anteil hatte. Dieses Unternehmen war eine Handelsplattform für Bitcoins, die in den Anfangsjahren fast eine Monopolstellung hatte: So wurde in den frühen 2010er Jahren bis zu 70 Prozent des weltweiten Handelsvolumens der damals neuen Kryptowährung Bitcoin über Mt.Gox abgewickelt.[137]

Schon vor dem Zusammenbruch waren die Onlinedienste von Mt.Gox immer wieder Hackerangriffen ausgesetzt, schon 2011 wurden einmal 25.000 BTC (damals 400.000 US-Dollar) von verschiedenen Konten entwendet, später aber wieder aufgetaucht. Diesen zeitweisen Verlust konnte die prosperierende Firma noch verkraften bzw. durch den steigenden Bitcoinkurs kompensieren. Damals war der Bitcoinkurs eng mit der Geschäftspolitik von Mt.Gox verwoben. Erfolge und Gewinne führten zu steigenden Kursen, Krisen und Schwierigkeiten zum Gegenteil, was sich noch verhängnisvoll auswirken sollte. Nach Schwierigkeiten mit Aufsichtsbehörden in den USA und nach Auftragsverzögerungen kam das Unternehmen zu Jahresbeginn 2014 in eine Krise.

---

137 Wall Street Journal, 25.2.2014.

Der Bitcoin: kann man ihm trauen?

Am 7. Februar 2014 stellte Mt.Gox den Handel ein, schloss seine Website und seinen Börsendienst und beantragte Insolvenzschutz vor Gläubigern.[138] Gleichzeitig führten konkurrierende Unternehmen den Handel fort und übernahmen sofort Marktanteile. Folge: Der Aktienkurs von Mt.Gox verlor innerhalb weniger Tage an der Börse von Tokio 80 Prozent seines Wertes, der Bitcoin verlor im Februar und März fast 40 Prozent seines Wertes.[139]

---

138 Artus Krohn-Grimberghe, Christoph Sorge:
     MtGox meldet Insolvenz an, in: Wirtschaftsdienst,
     94, 3, 2014, S. 157-158.

Ein bis heute nicht restlos aufgeklärter Diebstahl hatte sich zugetragen: Etwa 850.000 Bitcoins wurden vermisst, die wahrscheinlich gestohlen worden waren, zu diesem Zeitpunkt ein Betrag von mehr als 450 Millionen US-Dollar.[140] Davon stammten 750.000 Bitcoins aus Kundeneinlagen und 100.000 Bitcoins aus dem Vermögen des Unternehmens. Obwohl seitdem 200.000 Bitcoins „gefunden" und an Kunden ausbezahlt wurden, blieben die Gründe für das Verschwinden – Diebstahl, Betrug, Misswirtschaft oder eine Kombination von allem – weiterhin unklar. Man ging davon aus, dass Fehler in der Bitcoin-Software es Kriminellen ermöglichten, das Bitcoin-Netzwerk zu verwenden, um Transaktionsdetails in betrügerischer Absicht zu ändern.

Der französische Softwareingenieur Mark Karpelès, CEO von Mt.Gox, tauchte nach dem Diebstahl ebenso unter wie zuvor die Bitcoins: Bereits am 23. Februar 2014 ist Karpelès aus dem Vorstand der Bitcoin Foundation ausgeschieden, am selben Tag wurden alle Beiträge

---

139   Michael Ashton: What's wrong with Money? The biggest bubble of all, New York 2016.

140   New York Times, 25.2.2014.

auf seinem Twitter-Konto entfernt, was heutzutage so etwas wie einen digitalen Tod darstellt.[141] An Beschäftigung mangelte es Karpelès jedoch nicht, denn er sah sich nun mehreren Klagen der insgesamt 127.000 Gläubiger gegenüber, welche geschädigte Anleger gegen Mt.Gox anstrengten.[142] Pläne, die Firma zu retten, wurden schon im April 2014 aufgegeben und die Reste von Mt.Gox wurden liquidiert. Im August wurde Karpelès von der japanischen Polizei verhaftet und wegen Betrugs und Unterschlagung sowie Marktmanipulation angeklagt: Mt.Gox hatte in den Wochen vor dem Konkurs behauptet, über ein Vermögen von mehr als 500 Millionen US-Dollar zu verfügen, jetzt fanden die Insolvenzverwalter nur 91 Millionen US-Dollar an Vermögenswerten.[143] 2019 wurde Karpelès von einem japanischen Gericht von vielen Anklagepunkten freigesprochen, wurde aber wegen Datenfälschung bei Mt.Gox auf dreißig Monate Gefängnis auf Bewährung verurteilt.

---

141   Business Insider, 23.2.2014.
142   Wall Street Journal, 28.2.2014.
143   New York Times, 25.5.2016.

Ein holländischer Rohrkrepierer: Imtech

Royal Imtech N.V. war eine niederländische Unternehmensgruppe mit Sitz in Gouda, daher wurde das Unternehmen im Euronext Stock Exchange in Amsterdam notiert. Der Konzern war unter anderem in den Sparten Gebäude-, Daten- und Sicherheitstechnik, Kraftwerks- und Energietechnik, sowie öffentliche Infrastruktur und Marine tätig. Bei Imtech Deutschland waren etwa 4.210 Arbeitnehmer beschäftigt, weltweit waren es über 22.000. 2008 feierte die Imtech Deutschland noch stolz ein Firmenjubiläum, wobei sie ihre Vorgeschichte 1858 beginnen ließ und sich in teuren Festschriften als alteingesessenes solides Hamburger Traditionsunternehmen zu verkaufen suchte.[144]

Erste Krisensymptome traten nach 2010 auf. Die Nettoschulden des Konzerns betrugen 2012 etwa 800 Millionen Euro, bei einem Umsatz von lediglich 5 Milliarden Euro im Jahr

---

144   Sandra Engel, Sven Tode: 150 Jahre Pioniergeist – Imtech Deutschland 1858-2008, Hamburg 2008; Imtech Deutschland. Das Unternehmen feiert sein 150-jähriges Jubiläum, in: Hansa, 7, 2008, S. 48-50.

2011.[145] 2012 veröffentlichte Amro Teun, Analyst bei ABN Teeuwisse, einen kritischen Bericht über die finanzielle Situation bei Imtech. In den folgenden Monaten nahmen kritische Stimmen massiv zu, was vor allem einen Freizeitpark in Polen betraf, der sich dann als Fehlinvestition erwies. Besonders der deutsche Unternehmensteil war in Schieflage geraten, daher wurden die Manager Klaus Betz und Axel Glaß durch Jos Graauwmans und Jan van Middelkoop ersetzt.[146] Da der Jahresabschluss nicht genehmigt wurde und interne Kontrollen nicht mehr funktionierten, musste 2013 die Hauptversammlung abgesagt werden. Die Aktie hatte am 4. Januar 2011 noch einen Höchststand von 28,23 Euro, sie erreichte am 5. Juli 2013 mittags einen Tiefststand von 0,94 Euro. Aufgrund der Krise hatte der ohnehin bereits finanzschwache Konzern im Frühjahr 2013 innerhalb weniger Wochen mehr als eine Milliarde Euro an Wert verloren.[147]
Besonders problematisch war der Zweig der Imtech in Deutschland. Dieser war in viele

---

145   Die Welt, 7.2.2013.
146   Immobilien-Zeitung, 6.2.2013
147   Handelsblatt, 27.6.2013.

Bauskandale und vor allem Bauverzögerungen verwickelt, wie beim Bau der Zwillingstürme der Deutschen Bank in Frankfurt am Main, des Flughafens Berlin-Brandenburg, dem Neubau der Zentrale des Bundesnachrichtendienstes, der Rathaus-Galerie in Hagen. Die öffentlichen Auftraggeber wurden dabei regelrecht erpresst, da solche Verzögerungen geschickt genutzt wurden, um Beschleunigungs- und Nachtragszahlungen zu erhalten.[148] Sogar schwere Korruptionsfälle, bei denen möglicherweise auch der holländische Mutterkonzern beteiligt war, wurden bekannt.[149] Im Oktober 2013 stellte Imtech selbst bei der Staatsanwaltschaft Hamburg eine Strafanzeige gegen eigene Manager, um alte Korruptionsfälle aufzuklären und neue zu verhindern. Laut Handelsblatt wurden durch interne Untersuchungen „bandenartige Strukturen" im Management aufgedeckt, die durch Korruption und Untreue zu Schäden in Höhe mehrerer hundert Millionen Euro geführt hätten.[150] Bis Februar 2015 wurden 70 Prozent des Managements

148   Die Zeit, 16.7.2015.
149   Die Zeit, 16.7.2015.
150   Handelsblatt, 27.6.2013.

von Imtech Deutschland vor dem Hintergrund von Unregelmäßigkeiten ausgetauscht.[151] Anhand von Absprachen und Scheinaufträgen soll Imtech das Unternehmen RWE beim Bau des Kraftwerks Westfalen in Hamm und des niederländischen RWE-Kraftwerks Eemshaven in Eemsmond um Millionenbeträge betrogen haben. Auch verschiedene Staatsanwaltschaften, wie die von Stuttgart, München oder Neuruppin begannen jetzt gegen das Unternehmen zu ermitteln.

Am 7. Oktober 2014 fand eine außerordentliche Aktionärsversammlung im Codarts in Rotterdam statt mit dem Ergebnis, durch Ausgabe neuer Aktien durch die ausführenden Banken Commerzbank, Rabobank, ABN Amro und ING Groep NV an frisches Kapital zu kommen.[152] Die neuen Aktien fanden jedoch kaum Käufer und verzögerten lediglich die Insolvenz, bzw. machten den Schaden bei den Anlegern nur noch größer. Anfang August 2015 meldete erst die deutsche Tochter Insolvenz an, kurz darauf, am 11. August 2015, stellte

---

151   Handelsblatt, 13.3.2015.
152   Die Welt, 29.10.2014.

die niederländische Muttergesellschaft einen Antrag auf Gläubigerschutz.[153] Am 13. August 2015 reichte Imtech die Insolvenz ein, unmittelbar darauf wurde auch für die österreichische Imtech der Konkursantrag beim Landesgericht Linz gestellt. Der Aktienkurs war inzwischen so weit eingebrochen, dass Euronext den Aktienhandel mit dem Papier vorübergehend einstellte. Die Unternehmensteile Imtech Nordic und Imtech Marine konnten noch veräußert werden. Der Teil Imtech Deutschland ging auf eine Tochtergesellschaft der Bremer Gustav Zech Stiftung über, der Imtech-Geschäftsbereich „Automotive Testing Solutions" wurde der Weiss-Gruppe inkooperiert, und der spanische Firmenanteil mit Aktivitäten in Chile, Peru und Marokko wurde von Springwater Capital aufgekauft.[154]

---

153   Reuters, 11.8.2015.
154   Dutch News, 10.9.2015.

Es brachte kein Glück: Die Imtech als Namensgeber des Hamburger Volksparkstadions 2013/14, als der HSV die punktetechnisch schlechteste Saison seiner Geschichte spielte.

Blond, hübsch, jung – da wird sogar die Börse schwach: Theranos

Elizabeth Holmes wurde bekannt als Hochstaplerin im Bereich Biotechnologie. Geboren wurde sie 1984 in Washington, D.C. und ist damit also nicht nur eine der wenigen Frauen, die eine Firma gegen die Wand gefahren haben, sondern auch eine besonders junge Täterin. Wie bei vielen Unternehmern und Unternehmerinnen begann es mit einem Abbruch eines Studiums. Holmes gründete daraufhin 2003 die spätere Aktiengesellschaft mit dem gut klingenden Namen Theranos, eine neue Wortkreation aus „Therapie" und „Diagnose".

Holmes hielt an ihrem Unternehmen einen Anteil von etwa der Hälfte. Um 2015 gab es einen regelrechten Theranos-Hype; Anleger investierten einen Betrag in dreistelliger Millionenhöhe; daher schaffte es Holms, etwa 800 Mitarbeiter zu beschäftigen und für ihre Firma den ehemaligen Firmensitz von Facebook anzumieten. Das Time-Magazin behauptete sogar vorschnell, Holmes würde zu den hundert einflussreichsten Personen der Welt zählen. Viel eher ist sie unter die hundert einflussreichsten Unternehmensbetrüger zu zählen.

Holmes arbeitete im Beirat ihrer Firma gerne mit älteren Männern zusammen, so mit dem konservativen Republikaner George Shultz (geb. 1920), der schon unter Nixon diente, dem ehemaligen Verteidigungsminister William Perry (geb. 1927), dann natürlich mit Heinz Alfred „Henry" Kissinger (geb. 1923), mit dem „Vater des modernen kommerziellen Krankenhaussystems" Bill Frist (geb. 1952),

165

dem Admiral und Militärberater Gary Roughead (geb. 1951) oder mit dem Trump-Weggefährten James N. Mattis (geb. 1950). Was gemieden wurde, waren medizinische Wissenschaftler oder anerkannte Experten auf dem Gebiet der Biochemie.

Theranos verwendete nach eigenen Angaben anstatt Nährböden Gentests, um Blut von Patienten auf Bakterien und Viren zu untersuchen. Einige der von dem Unternehmen entwickelten Untersuchungsmethoden, das Blutentnahmegefäß „Nanotainer" und das Analysegerät „Edison" sollten daher preiswerter als die der Konkurrenz und für Patienten mit weniger Schmerzen verbunden sein. Das Verfahren sollte durch einen Theranos-Stift umgesetzt werden, der anhand einiger Mikroliter Blut anschließend bis zu siebzig unterschiedliche Tests durchführen sollte.

Auch in diesem Fall war es eine Zeitung, die erste Zweifel anmeldete: 2015 wurde in einem Artikel des Wall-Street-Journals die Wirksamkeit ihres Bluttest-Apparates kritisiert. In Folge dessen ermittelten mehrere US-Behörden von der US-Börsenaufsicht bis hin zur Arzneimitttelbehörde gegen Holmes. Am 14. März

2018 reichte die US-Regulierungsbehörde bei einem Bezirksgericht im US-Bundesstaat Kalifornien eine Beschwerde gegen Holmes bzw. gegen ihr Unternehmen ein. Die US-Börsenaufsicht beschuldigte Holmes inzwischen, dass es sich bei ihrem Unternehmen um einen großangelegten Betrug handele. Im Juni 2018 wurde gegen Holmes und gegen Ramesh „Sunny" Balwani, dem Präsidenten und Vorstand von Theranos, Anklage wegen Betrugs an Investoren und Kunden erhoben. Der konkrete Vorwurf: Wertpapierbetrug.[155] Holmes habe gewusst, dass die meisten Bluttests ihrer Theranos-Firma gar nicht von einem eigens entwickelten Blutanalysegerät, sondern mit Hilfe von bekannten Geräten anderer Hersteller analysiert worden waren. Dennoch habe sie Investoren gegenüber den Eindruck erweckt, dass die Tests mit Hilfe ihrer angeblich genialen Eigenentwicklung durchgeführt wurden. Elizabeth Holmes musste ihren Vorsitz bei Theranos abgeben. Für zehn Jahre wurde ihr untersagt, ein börsennotiertes Unternehmen zu leiten.

---

155   John Carreyrou: Bad blood. Secrets and lies in a
      Silicon Valley startup, New York 2018.

2018 einigte sich Holmes mit der Börsenaufsicht im Rahmen eines Vergleiches unter anderem auf die Zahlung einer halben Million US-Dollar Strafe. Ihr einstiges Vorzeigeunternehmen verlor das Vertrauen bei Anlegern wie bei Patienten.[156] 2018 wurde einem Großteil der noch verbliebenen 125 Mitarbeiter gekündigt. Ende August 2018 verließen auch noch die letzten Mitarbeitenden ihre Arbeitsstelle – Theranos ist seitdem Geschichte. Fast: die komplizierten Prozesse um Schadenersatz, Betrug und Haftung wurden 2020 gegen Holmes und Balwani erst eröffnet.

Elizabeth Holmes (geb. 1984), 2015 eine der einflussreichsten Frauen der Welt?

---

156 Friederike Berg: Theranos case study, München 2019.

Verdrehte Karten: Wirecard

Der jüngste spektakuläre Crash ereignete sich wieder einmal in Deutschland: es geht um Wirecard. Aus verschiedenen Gründen war der Untergang von Wirecard ein mediales Ereignis, da das Unternehmen eine Hoffnung der deutschen Wirtschaft war, viele Anleger Geld verloren und weil es Wirecard wohl über Jahre hinweg gelungen ist, trotz Börsenaufsicht Liquidität vorzutäuschen. Summa summarum ist die Geschichte um Wirecard ein Armutszeugnis für Deutschland als Wirtschaftsstandort, der in diesem Fall eher an Schwellenländer erinnert.

„Wire Card", wie es sich anfangs nannte, entstand 1999 in München als echtes Start up, das vier Millionen D-Mark vom Münchner Wagniskapitalgeber Technologieholding erhielt. Im Jahr 2000 stieß der Softwareentwickler Jan Marsalek zum Mitgründer Detlev Hoppenrath, im gleichen Jahr kam auch der Wirtschaftsinformatiker Markus Braun zu dem Unternehmen. Vor allem Marsalek und Braun waren hinfort die Drahtzieher und Entscheider in dem Unternehmen und repräsentierten es nach außen, vor allem Braun viele Jahre als Vorstandsvorsitzender.

Durch Beziehungen zu dem Pornoseitenbetreiber EPM AG Entertainment Print Media und mysteriöse Diebstähle der Laptops von Marsalek und Braun musste die junge Firma schon 2001 erstmals Insolvenz anmelden. Es gelang der EPM, Wirecard im Rahmen der Insolvenz 2002 zu übernehmen und mit frischem Kapital auszustatten, so dass über ein kompliziertes Reverse-IPO sogar ein Börsengang möglich wurde. Bei diesem Anlass wurde Wire Card in Wirecard umgenannt.[157] Es folgte ein kometenhafter Aufstieg, Wirecard wurde zum Börsenliebling und als deutsches Fintech gehyped. Kerngeschäft waren virtuelle Prepaid-Kreditkarten für Online-Zahlungen sowie die Unterstützung des stationären Einzelhandel bei der Digitalisierung. In diesem Umfeld expandierte Wirecard massiv nach Singapur, Neuseeland, Australien, Südafrika und in die Türkei. 2016 Jahr übernahm die Wirecard einen südamerikanischen Internet-Zahlungsdienstleister in Brasilien, 2019 stieg die Softbank bei Wire-

---

157   Finanznachrichten.de, 16.3.2005.

card ein.[158] Zu seinen besten Zeiten hatte das Unternehmen fast 280.000 Kunden, darunter renommierte Namen wie die Orange Bank, KLM, BASF, Getty Images, der Flughafen München, Telefónica, Aldi oder Ikea.

2008 erschienen die ersten Manipulationsvorwürfe zu der Wirecard-Aktie, zunächst noch anonym in einem Wirtschaftsblog, wie sie eigentlich zu jeder großen Firma zu finden sind. Die Vorwürfe nahmen jedoch zu, auch Journalisten und Analysten warnten.[159] Die Schutzgemeinschaft der Kapitalanleger warf der Wirecard im Sommer 2008 falsche bzw. irreführende Bilanzierung vor, was jedoch so gut wie kein Gehör fand. Da die Aktie aufgrund der Vorwürfe fast drei Viertel ihres Wertes verlor, ging das Unternehmen seinerseits scharf gegen all diejenigen vor, bei denen sie Rufschädigung oder Shortselling vermutete oder dies tatsächlich auch der Fall war. Auch der anonyme Blogger konnte enttarnt werden und wurde von Wirecard bei Gericht angeklagt. Geradezu

---

158   Handelsblatt, 5.11.2016.
159   Volker ter Haseborg, Melanie Bergermann: Die Wirecard-Story: Die Geschichte einer Milliarden-Lüge, München 2020.

legendär waren die gerichtlichen und außergerichtlichen Auseinandersetzungen zwischen Journalisten der Financial Times und Wirecard.[160] Wirecard galt im Vorgehen gegen kritische Journalisten, Anleger und Konkurrenten als äußerst aggressiv; die Anwälte des Konzerns meldeten sich gerne und es gab Gerüchte, dass Wirecard kritische Journalisten sogar beschattet habe.[161] Damit hatte das Unternehmen letztlich Erfolg, viele Kritiker verstummten und das Unternehmen konnte weiterhin Prüfungen hinauszögern und Fragen unbeantwortet lassen.

Dies galt jedoch nicht für die Bundesanstalt für Finanzdienstleistungsaufsicht. Diese ließ die Geschäftsräume von Wirecard durchsuchen und erstattete Anfang Juni 2020 wegen Verdacht auf Marktmanipulation Anzeige gegen den Vorstandvorsitzenden Braun sowie drei weitere Vorstandsmitglieder.[162] Nun überschlugen sich die Ereignisse: Am 18. Juni 2020 gestand die Unternehmensführung ein, dass die Wirtschaftsprüfungsgesellschaft Ernst &

---

160 Handelsblatt, 10.2.2019.
161 Handelsblatt, 25.6.2020.
162 Der Spiegel. 5.6.2020.

Young keine ausreichenden Nachweise über die Existenz von 1,9 Milliarden Euro ermitteln konnte, etwa einem Viertel der Bilanzsumme der Wirecard AG. Lange Zeit wurde vorgegeben, dieses Guthaben würde sich bei Banken auf den Philippinen befinden. Die Wirtschaftsprüfungsgesellschaft verweigerte die Entlastung, der Handel mit der Wirecard-Aktie, die sich bereits im Sinkflug befand, wurde zeitweilig ausgesetzt, der langjährige Vorstandsvorsitzende Markus Braun trat von seinem Posten zurück.

Am 25. Juni 2020 stellte das Unternehmen einen Insolvenzantrag wegen drohender Zahlungsunfähigkeit und Überschuldung. Obwohl die Wirecard-Aktie inzwischen zum Pennystock geworden war und als „Geisteraktie" der Spott der Finanzwelt war, dauerte es aus regulatorischen Gründen bis zum 24. August, bis die Wirecardaktie aus dem DAX und aus dem TecDAX ausscheiden konnte. Anschließend setzte das Insolvenzverfahren unter dem Rechtsanwalt und Experten für Insolvenzrecht, Michael Jaffé ein. Wie üblich wurde weit über die Hälfte der Mitarbeiter sofort gekündigt.[163] Im Oktober setzte der Deutsche Bundestag einen Untersuchungsausschuss ein, der die Aufgabe hat, weiter zu klären, ob die Bundesregierung und Behörden wie die BaFin über Vorkommnisse bei Wirecard ausreichend informiert waren und ob sie ihren Aufsichtspflichten nachgekommen sind. Ob sich diese Fragen endgültig klären lassen, wird viele Jahre dauern bzw. es ist zu befürchten, dass eine vollständige Aufklärung nie statt finden wird: einer der Hauptverdächtigen schweigt beharrlich, der andere ist untergetaucht.

Gestern noch internationaler Manager, heute mit internationalem Haftbefehl gesucht.

163 Der Spiegel, 26.8.2020.

Sowohl gegen Braun als auch gegen Marsalek lag ein Haftbefehl vor. Braun wurde erstmals im Juni verhaftet, kam gegen Kaution wieder frei, wurde aber im Juli wegen Fluchtgefahr erneut inhaftiert. Auch drei weitere Mitarbeiter in Führungspositionen wurden inhaftiert, gegen alle besteht der Verdacht, dass sie ab 2015 Einnahmen vorgetäuscht und damit tatsächliche Verluste verschleiern wollten, um das aufgeblähte Unternehmen weiter am Leben zu halten.[164] Marsalek hingegen gab sich zunächst kooperativ und wollte in Zusammenarbeit mit der Münchener Staatsanwaltschaft zusammenarbeiten, bereitete in Wirklichkeit seine Flucht vor und tauchte unter.

---

164   Der Spiegel, 22.7.2020.

Abbildungen

Die größten Crashs der Weltgeschichte

Imprint

First edition.

ISBN: 9783753407005

Herstellung und Verlag: BoD - Books on Demand, Norderstedt

Cover design and layout: Leni Waltersdorf